비둘기와
함께하는
여름

有鸽子的夏天　刘海栖 著

Copyright © 2019 by Shandong Education Press Co., Ltd.
Korean copyright © 2024 by Minsokwon Korea
Korean edition is published by arrangement with Shandong Education Press Co., Ltd.
ALL RIGHTS RESERVED

이 책의 한국어판 출판권은 산동교육출판사(山東敎育出版社)와의 독점 계약으로
한국 민속원에 있습니다. 저작권법에 의해 한국 내에서 보호를 받는 저작물이므로 민속원과
협의없이 무단전재와 무단복제를 금합니다.

류하이치劉海棲 지음
왕주민王祖民·왕잉王鶯 그림
박금해樸錦海 옮김

비둘기와
함께하는
여름

민 속 원

작가에 대하여

류하이치劉海樓는 산둥山東 하이양海陽 사람으로 우한武漢에서 태어났다.

그는 직함이 편심(중국 신문·출판·보도 업계의 고급 전문 기술 직함)이고 장기간 아동 도서 출판에 종사하였다. 제1회 중국출판정부상 우수 출판인상을 받았고 전국100명 우수 출판 종사자, 산둥성 모범 근로자 등 영예로운 칭호를 얻었으며 국무원(한국 대통령실에 해당) 특별 수당을 받았다. 중국작가협회 회원이고 중국작가협회 아동문학위원회 위원이다.

그의 작품은 제9회 전국우수아동문학상과 중국우수출판물상을 수상하였고 "대중이 좋아하는 도서 50권" "2015년 국가신문출판 및 라디오 영화TV 방송총국에서 전국 청소년에게 추천하는 우수 도서 100권"에 선정되었다.

머리말

지난해 가을, 나는 칭도우靑島에서 열린 회의에 참석하였다. 저녁에 우리 일행은 칭도우 구시가지를 구경하려고 차를 타고 갔다. 10월 하순 칭도우의 날씨는 쌀랑하였다. 우리는 야경 속의 성미에르 성당, 안나 별장, 독일 해병 클럽의 옛터를 참관하러 갔다. 나는 하이치 선생님과 동행하면서 이야기를 나누었다. 그의 겸손과 박식, 살뜰한 배려, 쾌활한 웃음은 가을밤의 한기를 쫓아 버렸다.

"류 선생님, 또 소설을 쓰려구요?" 나는 무언가 생각나서 대뜸 그에게 물었다.

"네, 그럴 생각이에요. 제 어린 시절을 써 보려구요. 그래도 저는 동화를 쓰는 게 적합한 거 같아요." 그는 웃으며 말하였다.

나는 더 묻지 않았다. 근년에 하이치 선생님의 동화는 아주 개성적이고 자기만의 스타일이 있다고 나는 생각하였다. 그가 30년 전에 쓴 아동 소설은 어렴풋한 기억으로만 남았다. 그가 다시 소설을 쓰게 되면 어떤 소설을 선보일지 나는 일시적으로 상상이 되지 않았다.

회의를 끝내고 돌아온 후 일상은 계속되었다. 눈 깜짝할 새 해가 바뀌었다. 2월의 어느 날 저녁, 내가 서재에서 한창 바삐 보내고 있는데 위이핑衛平이 얼굴에 흥분을 감추지 못한 채 핸드폰을 들고 들어와서 말하였다. "방금 하이치 선생님의 소설 신작 첫머리를 읽었는데 너무 잘 썼더라구요." 그는 잠시 멈췄다가 한 마디 덧붙였다. "아마 이 작품은 그의 비약적인 작품일 거 같아요." 이 작품을 등재할 예정인 〈10월소년문학〉 편집부에서 그에게 이 작품의 서평을 부탁해서 그는 재빨리 위챗에 들어가 읽는 참이었다. 우리 평소의 습관은 각자 할 일을 하면서 보통 쉽사리 상대방을 방해하지 않는 것이었다. 나는 하던 일을 끝내고 이 작품을 보려고 하였는데 결국 참지 못하고 그의 핸드폰을 가져왔다.

읽고 나서 나도 이 작품에 매료되었다. 잠깐 동안 내 머릿속에서 해자와 비둘기들의 이야기 그리고 와자지껄하면서 분주히 뛰어다니는 산수구동네 아이들의 모습만 맴돌았다.

나는 하이치 선생님이 실은 타고난 소설가라는 것을 알게 되었다.

　『비둘기와 함께하는 여름』은 통쾌하고 거침없이 쓰여졌다. 하이치 선생님은 어린 시절의 느낌을 참으로 기막히게 썼다. 그때의 생활은 풍요롭다는 말로 표현하기 어렵지만 자기만의 일상을 새롭게 만들어 가는 한 아이의 상상력과 실행력을 제한할 수 없었다. 해자, 이미, '오리', 이평, 비둘기 기르기, 살구씨 놀이, 팽이치기, 채소 쟁취하기……그들은 밀치락달치락하고 와자지껄하였지만 그렇게 즐겁고 활기찰 수가 없었다. 기운이 넘치는 이 아이들은 사람들을 골치 아프게 하기도 하고 사람들의 부러움을 사기도 하였다. 우리는 그들을 보노라면 사회가 어떻게 변화 발전하고 생활이 어떻게 변하든 역사의 한구석에는 지칠 줄 모르고 뛰고 놀고 웃는 변함없는 아이가 항상 존재한다는 것을 생각하게 된다.

　그것 또한 우리 마음속의 영원한 어린 시절이다.

　나는 하이치 선생님이 재주가 많다는 것을 벌써 알고 있었다. 내가 보기에 그는 만물박사처럼 모르는 것이 없었다. 나는 그가 아동 도서, 출판, 시사, 문화에 관해 이야기하는 것을 즐겨 들었다. 그와 함께 볼로냐Bologna에서 열린 도서전에 참가하였을 때 그가 이탈리아 각지의 지리, 물산, 민풍에 대해 설명해 주었는데 아주 흥미로웠다. 나는 그가 체육 학교에 다닌 적 있고 입대한 적 있고 탁구를 잘 친다는 것도 알고 있었지만 비둘기를 기르고 목수 일을 배운 것은 몰랐다. 그는 각종 비둘기들의 이름과 특징을 손금 보듯 환히 꿰고 있었으며 먹줄을 치고 대패질하고 걸상과 장롱을 만든 적 있으며 놀랍게도 라디오를 조립한 적도 있었다. 소설에서 과거 어린 시절의 놀이와 지난날 서민들의 생활을 명쾌하고 생동하고 실감 나게 묘사할 수 있었던 것은 그가 유년 시절에 직접 경험한 것을 바탕으로 하였기 때문이다.

이것은 아동 소설 창작의 노다지이다.

더욱 중요한 것은 그가 평이하고 자연스러운 언어로 기억 속의 이런 경험을 생동감 있게 되살려 낼 수 있다는 것이다. 사실, 작품을 읽기 전까지만 해도 나는 여전히 의심과 우려가 있었다. 나는 하이치 선생님 동화의 언어 풍격을 잘 알고 있다. 그는 활기차고 과장되고 희극적 요소가 넘치는 유머 있는 풍격으로 동화의 세계에서 일가를 이루었다. 하지만 이것은 아동 소설에 가장 적합한 언어 표현이 아닌 것 같다. 그는 『비둘기와 함께하는 여름』에서 소설 언어의 느낌을 적절하게 조절하여 그가 묘사한 동심의 세계로 하여금 소박하면서 선명하고 뚜렷하면서 생동하고 흥미와 유머가 적절하게 어우러졌다. 의기양양한 이미와 그의 비둘기 떼가 등장하면 우리는 비둘기들이 날개를 푸드덕거리는 소리와 점차 작아졌다가 커지는 비둘기 호루라기 소리가 들리는 것만 같았다. 이와 같이 시각, 청각, 촉각, 상상 등이 함께 부각시킨 화면에 현실적이고 평범하면서도 형언할 수 없는 정취가 있어 이야기 속 해자와 이야기를 읽는 우리의 마음을 단단히 사로잡았다.

  나는 우리의 어린 시절은 어느 정도 이런 정취에 휩싸여 있고 영향을 받는다고 생각한다. 나는 소소한 살구씨 놀이에 빠져 거의 나오지 못할 지경이었다. 이 얼마나 친근하고 일상적이며 생기발랄하고 끝없는 여운을 남기는 놀이인가! "가을 바람이 일자 살구씨 놀이도 끝났다." 나는 이런 간소한 문구를 읽었을 때 왠지 모르게 즐거움과 슬픔이 뒤섞인 강렬한 감정이 솟아올랐다. 어쩌면 이것이 바로 어린 시절일 것이다. 어린 시절은 한눈에 꿰뚫어 볼 수 있을 만큼 단순하지만 끝없이 맛볼 수 있는 무언가를 항상 조금씩 남겼다. 어린 시절은 누구에게나 있을 만큼 특별하지 않지만 결국 지나기기 마련이기에 우리로 하여금 탄식과 아쉬움과 감회를 느끼게 한다.

하지만 하이치 선생님의 글은 이런 생활에 대한 탄식 속에 머무르지 않았다. 그는 어린 시절 사람들간의 정을 생생하게 묘사하면서 소설가로서의 직책을 한 번도 잊은 적 없었다. 소설에서 처음에는 산만한 것 같지만 섬세하고도 진실한 생활의 단편斷片과 세부는 더욱 핵심적인 이야기를 암시하고 있었다. 마치 나무 줄기에서 뻗은 나뭇가지와 나뭇가지에 달린 나뭇잎이 나무 줄기를 떠날 수 없는 것처럼 말이다. 이 핵심의 존재는 이야기의 재미를 더 높고 깊은 경지로 끌어올렸다. 아울러 이런 이야기 구조의 표현력은 이 작품으로 하여금 과거 어린 시절에 대한 모종의 회상이나 기록으로 되게 하였을 뿐만 아니라 어린 시절 변치 않는 정신적 과제에 대한 서사와 탐구를 구성하였다.

하이치 선생님은 이야기 고수이다. 이 소설은 비둘기에서 시작하여 막힘없이 써 내려가다가 "그래서 나는 비둘기를 키우는 것은 먼 훗날 일이라고 생각하였다." 뒤에 "다행히 우리는 이것 말고도 또 할 것이 있었다."를 덧붙이면서 유유히 말머리를 돌렸다. 우리가 즐겁고 매력적인 어린 시절 놀이에 관한 대목을 읽느라 비둘기의 존재를 거의 잊어 갈 무렵 작가는 아무

머리말

렇지도 않은 듯 다시 비둘기를 우리 앞으로 불쑥 데려왔다. 이로써 알다시피 비둘기와 무관한 것 같은 모든 서술은 사실 전부 '내' 비둘기의 등장을 위해 복선을 깐 것이었다. 저마다 재미있는 사연을 가지고 있는 이미, '오리', 이평, 삼평, 공화평, 서소걸 등 인물은 비둘기를 기르고 잃어버리고 돌려받는 다큐멘터리 드라마 같은 이야기의 필요한 목격자이자 참여자이다. 생면부지의 호위화가 뜻밖에 그런 방식으로 '나'의 생활과 얽혀 있었으니 우리 삶의 예측 불허를 감탄하지 않을 수 없다. 목수 왕목근은 아주 엉뚱한 인물이다. 비둘기장에 문짝을 달아 주려고 서둘러 온 왕목근에 대한 구체적인 묘사는 의외의 전개였다. 소박하면서 익살스럽고 익살스러우면서 정중하고 정중함 속에 내포된 감동은 우리로 하여금 웃음을 금치 못하게 할 뿐만 아니라 우리에게 감동을 주기도 하였다. 그리고 덕혜 이모, 곡씨 아저씨, 심지어 곽일도의 예비 사돈 마씨 아주머니 등 모든 부차적이거나 작은 인물의 등장도 '비둘기'와 밀접하게 연관돼 있으며 삶의 온갖 맛이 가득한 가운데 이야기의 전개를 이끌어 간다고 할 수 있다.

    이렇게 이야기의 주요 줄거리는 일상적인 지엽에 의해 꽉 가려지기도 하고 이런 지엽의 성장을 강력하게 지배하기도 한다. '내'가 우연히 비둘기를 얻게 된 후 스스로 비둘기를 기르고 친구들과 자랑스럽게 비둘기 기르는 기쁨을 나누고 그러다 비둘기를 잃어버려 갖은 방법을 다해 비둘기를 되찾으려 하기까지 한 아이의 기쁨과 고뇌는 우리의 주의와 관심을 불러일으켰다. 이 과정에서 무심코 넘어간 많은 서사 복선은 우리가 나중에 어떤 중요한 서사 대목을 읽고 나서야 복선과의 호응을 알게 돼 우리에게 깨달음과 놀람과 기쁨을 주었다.

예를 들면, 소설 제1장에서 구멍탄 배달원 조리천에 대해 이렇게 언급하였다. "조리천은 체구가 작고 말랐지만 힘은 장사였다. 그는 예전에 출가한 적 있는데 육식하지 않고 채식만 하면서 수행하였다고 한다. 이런 그가 수레를 끌 때면 마치 개미가 절구통을 물고 나가듯하였다." 처음 읽었을 때는 그저 생활의 정취가 물씬 나게 손이 가는 대로 간단히 언급한 것 같았다. "예전에 출가한 적 있는데 육식하지 않고 채식만 하면서 수행하였다고 한다."는 문구는 무심코 쓴 것 같지만 뜻밖에도 전체 이야기의 결정적인 복선이고 또 가장 큰 궁금증이 풀리는 관건이라는 것을 누가 예상하였겠는가? "육식하지 않고 채

머리말

식만 한다"는 복선을 깔지 않았다면 조리천이 마지막에 해결사로 등장하지 못하였을 것이다. 또 예를 들어, '내'가 하얀이와 까망이를 기른 후 친구들은 이미네 집에 가지 않았고 "그들은 우리 집에 와서 옥수수떡으로 하얀이와 까망이를 유인해 자신의 손으로 날아오는 것을 보고 싶었다." 바로 이 별것 아닌 신나는 행동이 예측할 수 없는 위험을 가지고 있다는 것을 누가 생각하였겠는가? 뱀이 풀밭에서 기어다니고 재로 선을 긋듯 희미한 단서와 흔적을 남기고 드러나지 않은듯 섬세한 표현은 아주 훌륭한 이야기를 만드는 수법이다. 소설에서 이런 서사 복선과 호응은 정교하고도 자연스러워 작품을 읽노라면 이야기를 읽는 즐거움으로 충만된다.

지난 겨울, 상하이 아동 도서전에서 하이치 선생님을 만났던 기억이 난다. 만찬 전 여유가 있어 우리는 앉아서 창작 그리고 관련된 이야기에 대해 한담하였다. 그는 이야기하다가 한숨을 쉬고는 말하였다. "전 급하지 않아요. 천천히 쓰려구요. 한 권 더 쓰든 덜 쓰든 저한텐 중요하지 않아요. 꼭 재미있는 이야기를 써 내려고 속으로 벼르고 있어요."

그는 정말로 훌륭한 이야기를 써 냈다. 이 이야기가 훌륭하다는 것은 서술 방식의 교묘함에 있다. 뿐만 아니라 더욱 대단한 것은 논리 정연하고 구성이 통일된 이야기, 기대감과 긴장감 그리고 복선과 호응이 주는 재미 속에서 우리를 이끌고 일상, 인정, 인간성 및 어린 시절 정신 세계의 더욱 깊은 곳까지 한층 더 탐구하였다는 것이다.

소설에서 비둘기 사건은 이야기의 주요 궁금증이며 한 아이의 세계관의 위기를 초래하기도 하였다. 이 위기를 어떻게 해소할 것인가는 이야기의 서술 및 전개와 관련될 뿐만 아니라 이 아이의 정신 세계와도 관련된다. 이는 『비둘기와 함께하는 여름』으로 하여금 다소 '성장 소설'의 의미를 지니게 하였다. 어른 역인 조리천은 '내'가 이 '성장' 위기를 넘기도록 도와주는 중요한 길잡이다. 이 소박하고 순박하고 돈후한 구멍탄 배달원은 브라질 작가 호세 마우로 데 바스콘셀로스José Mauro de Vasconcelos의 소설『나의 사랑하는 오렌지 나무』에 나오는 포르투갈 아저씨처럼 선의와 온정으로 가난한 시절 아무도 신경 쓰지 않는 한 아이의 작은 세상과 일상에 묵묵히 관심을 가졌다. 소설에서 조리천과 해자의 내왕을 간소하고 담담하게 서술하였지만 읽노라면 늘 감정이 북받쳐 오른다. 우리가 사는 세상이 물질적 욕구와 정글 법칙의 시달림에서 영원히 벗어나지 못한다 하더라도 물질적 욕구와 정글 법칙은 결코 우리 삶의 전부가 되지 않는다. 조리천의 존재는 해자와 우리로 하여금 이 세상은 강자가 약자를 괴롭히고 약자가 더 한 약자를 괴롭히며 큰 물고기가 작은 물고기를 먹고 작은 물고기가 작은 새우를 먹는 세상이 아니라는 것을 믿게 하였다. 복잡하고 흉악하기까지 한 세속 생활의 뒷면에 소박하고 꾸밈없고 착하고 온화하고 관후한 것이 존재하였는데 이것이야말로 세속 생활의 법칙을 최종적으로 결정하는 진정한 힘일지도 모른다. 이것이 이 세상의 진정한 이치일 것이다.

하지만 이것은 한 아이가 현실적인 어른들의 세계와 실생활에 직면하였을 때 완전히 절망적이고 어쩔 수 없다는 것을 의미한다고 생각해서는 안 된다. 이 성장의 시련 속에서 '나'는 결코 나약하고 수동적인 인물이 아니었다. 소설의 결말에 가까워져 '나'의 돌발 행동을 불러일으킨 비둘기, 조리천, 호위화에 대한 서술을 읽었을 때 나는 눈물이 그렁그렁할 지경이었다. 여기에는 한 아이의 놀라운 감정, 의지, 행동력이 내포돼 있었다. 그의 반항은 생활의 난제를 직접적으로 해결하지 못하였지만 이것은 아이가 처한 현실의 필연적 논리이고 이런 논리에 대한 기본적인 존중은 아동 소설의 기본적인 이야기 윤리이기도 하다. 하지만 누구도 분명히 말할 수 없었다. 곽일도가 마지막에 흔쾌히 비둘기를 돌려준 것은 과연 조리천이 '잘 타지 않는 구멍탄을 갖다줄까 봐' 너무 두려워서일까? 아니면 이와 동시에 연약함에도 불구하고 눌려 있던 감정을 분출한 아이의 큰 용기에 대한 인정 나아가 작은 존중을 가지고 있어서일까?

나는 이 두 가지가 다 있다고 생각한다. 그 증거 중 하나는 바로 '작은 돼지 간 한 조각'이다. 내가 볼 때 이 예상 밖의 작은 선물이 소설의 말미에 등장함으로써 아이에게도 있어야 할 존엄을 한 아이에게 돌려주었을 뿐만 아니라 일상생활과 보통 사람이 있어야 할 인정과 인간성을 곽일도라는 인물에게도 어느 정도 부여하였다.

이렇게 『비둘기와 함께하는 여름』은 결국 선과 악의 이원론적 이야기·관념 패턴에서 우리를 데리고 나와 실생활과 기본적인 인간성의 더욱 다양하고 복잡하고 미묘한 상황과 느낌으로 우리를 이끌었다. 또한 이 소설은 우리를 데리고 어린 시절에 대한 지나치게 단순한 사실주의적 모방이나 낭만주의적 상상에서 벗어나 공리적이고 현실적인 일상 속에서 여전히 꿋꿋이 존재하는 약간의 낭만에 대한 발견과 표현 그리고 서술로 우리를 이끌었다. 씁쓸하고도 소중한 이 작은 낭만은 비둘기를 위해 흘린 호위화의 눈물, 아버지에게 주려고 '오리'가 탁탁하며 살구씨를 깨는 소리, 왕목근이 퉁탕퉁탕하며 나에게 줄 비둘기장을 만드는 모습에서 엿보인다. 이는 우리에게 생활은 고달프지만 어디에나 따뜻함이 깔려 있다는 것을 보여 주었다.

이런 작은 낭만과 따뜻함은 우리를 번뇌와 어려움으로 가득한 생활에 빠져들게 하고 우리로 하여금 이런 생활을 소중히 여기게 하는 근본 원인이다.

나는 이것 또한 우리에게 어린 시절의 어떤 근본적 가치를 말해 주었다고 믿는다.

올해 4월, 하이치 선생님은 아직 출판되지 않은 『비둘기와 함께하는 여름』을 들고 홍러우에 와서 심포지엄을 열었다. 산둥山東교육출판사 편집자들이 원고를 제본하고 짙푸른 표지를 첨가하니 작고 예쁜 책이 되었다. 하이치 선생님은 책마다 "부족한 부분을 지적해 주시기 바랍니다. 감사합니다!"라고 적어

놓았다.

우리는 의견이 분분하였지만 이구동성으로 소설을 잘 썼다고 하였다. 그러자 그는 말하였다. "저는 잘 모르겠는데요. 그냥 이렇게 썼어요."

그를 보니 마치 무협 소설에 나오는 자신의 재능을 떠벌리지 않는 주인공 같았다. 그는 분명 무술로 대성하였지만 정작 본인은 모르고 있었고 그러다 순식간에 출격하여 주변 사람들을 깜짝 놀라게 하였다. 그는 그저 순박하고 무던한 표정으로 주위를 둘러볼 뿐이었다.

이 순박하고 무던한 표정에 한 사람의 인간 본성에서 우러나온 겸손이 자리잡고 있었다.

하이치 선생님의 겸손은 진지하였다. 그는 홍러우 심포지엄에서 이렇게 말하였다. "여러분의 비평을 듣고 싶습니다. 그래야 어떻게 하면 더 잘 쓸 수 있는지 아니까요." 그는 우리의 의견과 건의에 대해 실행 여부를 막론하고 전부 흔쾌히 받아들이었다. 그는 또 사람들이 양서에 관해 이야기하는 것을 즐겨 들었다. 한번은 우리 몇몇 지인이 베이징의 한 음식점에서 앉아 국수를 기다리는 동안 양서 몇 권에 대해 이야기를 나누었다. 고개를 돌려 보니 그는 벌써 핸드폰으로 그 책들을 주문 결제하여 죄다 구매하였다. 그는 아주 겸손하고 온화하며 활달하고 관후한 선배이지만 창작에 대해서는 집념을 보였다. 나는 그가 『비둘기와 함께하는 여름』을 여러 번 수정하고 만족스러운 문장으로 만들기 위해 자신과 씨름하는 것을 목격하였다. 그는 자신의 최상의 창작 시기가 아마도 최근 몇 년일 거라며 시간을 낭비할 수 없다고 하였다. 나는 많은 사람들의 존경과 사랑을 받는 이 선배에게서 거의 본 적 없는 우수에 젖은 정중한 말투와 표정을 듣고 보았다.

"류 선생님, 이렇게 쓰는 건 사서 고생하는 게 아닐까요?" 나는 말하였다.

"괜찮아요. 제가 좋아하니까요." 그는 말하였다.

이것은 틀림없이 최상의 창작 상태이다. '아마 이것 또한 인생의 최상의 상태일 것이다.' 나는 생각하였다.

자오샤趙霞

2018년 10월 12일 리저호麗澤湖 언저리에서

차례

머리말 _7

1. 붉은 헝겊을 매단 대나무 장대 ·················25
2. 홍수가 나서 채소를 건지러 갔다 ·················37
3. 살구씨 놀이의 강자 ·················53
4. 조리천의 선물 ·················67
5. 와! 나에게 비둘기가 생겼다! ·················75
6. 이미가 내 비둘기를 탐냈다 ·················85
7. 왕목근이 비둘기장을 만들어 주었다 ·················95
8. 하얀이와 까망이 ················· 113
9. 비둘기 호루라기 ················· 125
10. 내 비둘기는 푸른 하늘을 갈망하였다 ················· 138
11. 칭찬받는 것은 즐거운 일이다 ················· 149
12. 내 비둘기가 사라졌다 ················· 158
13. 알고 보니 곽일도였다 ················· 171

14. 곽일도는 만만치 않다 ·················· 186
15. 친구들이 아이디어를 냈다 ·················· 199
16. 괴상한 일이 생겼다 ·················· 209
17. 파출소 경찰이 왕목근을 붙잡았다 ·················· 220
18. 고기 도마는 어떻게 사라졌을까? ·················· 228
19. 곽일도를 통제할 수 있는 사람을 찾고 싶었다 ·················· 239
20. 곽일도를 통제할 수 있는 '폭탄'은 없었다 ·················· 252
21. 나는 내 비둘기를 구할 것이다 ·················· 262
22. 비둘기와 돼지 간 ·················· 273
23. 구성진 비둘기 호루라기 소리가 울려 퍼졌다 ·················· 285

후기 _295
삽화가의 말 _306

1
붉은 헝겊을 매단 대나무 장대

어느 해 여름의 일이다. 그때 우리는 거의 학교에 가지 않았기에 놀 시간이 많았다. 나는 한때 비둘기를 무척 좋아하였다.

이미는 우리 동네에서 비둘기왕으로 통하였고 우리보다 나이가 좀 많았다. 그는 비둘기를 꽤 많이 길렀는데 여남은 마리나 되었다. 그의 비둘기 대부분은 진하거나 연한 회색이었으며 검은색도 있고 자주색도 두 마리 있었다. 하지만 흰색은 한 마리도 없었다.

이미의 비둘기들이 무리 지어 후루룩 날아오를 때면 정말 장관이었다. 비둘기들은 이미네 집을 중심으로 빙빙 날았다. 이미는 그중 한두 마리 비둘기의 꼬리에 자신이 제작한 호루라기를 달았는데 비둘기가 날 때 호루라기 소리가 후루루 났다.

그는 다리를 딱 벌리고 용마루에 서서 비둘기들이 날아오기만 하면 목청을 높여 고함치면서 대나무 장대를 휘둘러 댔다. 그때마다 장대에 매달린 붉은 헝겊은 펄럭펄럭 소리가 났다.

비둘기가 멀리 날아갈수록 호루라기 소리가 점차 작아졌고 나중에 그 소리가 점차 커지면 비둘기가 다시 날아온 것이었다.

이미는 지붕에 올라가서 회색 기왓장을 자박자박 밟으며 용마루로 올라갔다.

이미는 양손에 기다란 대나무 장대를 들고 있었는데 장대 끝에는 낡고 꼬질꼬질한 붉은 헝겊이 매달려 있었다. 그는 다리를 딱 벌리고 용마루에 서서 비둘기들이 날아오기만 하면 목청을 높여 고함치면서 대나무 장대를 휘둘러 댔다. 그때마다 장대에 매달린 붉은 헝겊은 펄럭펄럭 소리가 났다.

우리는 지붕 아래에서 이미를 올려다보면서 그가 너무 멋있다고 생각하였다. 그의 모습은 마치 영화 속 적의 보루를 공략한 아군의 기수 같았다.

날다가 지친 비둘기들은 이미네 집 앞에 내려앉고 싶었다. 하지만 지붕에서 붉은 깃발이 펄럭이고 고함 소리가 계속 들려오자 무슨 재난이 닥쳐온 줄 알고 놀라서 푸드덕거리며 다시 날아올라 공중을 빙빙 맴돌았다.

"이건 비둘기한테 날갯짓을 연습시키는 거야. 비둘기들이 게으름을 피우지 못하도록 계속 비행시켜야 돼. 날개가 튼튼해

져야 더 높이 더 멀리 날 수 있거든." 이미는 우리에게 설명해 주었다. 그래서 그는 비둘기들에게 고된 비행 훈련을 시켰다.

이미의 어머니는 가끔 지붕 아래에서 이미를 꾸짖었다. 이미보고 당장 내려오라며 기왓장을 밟아 망가뜨렸으니 아버지에게 호되게 엉덩이를 얻어맞을 수 있다고 하였다. 이미네 집 지붕의 기왓장은 벌써 이미에게 밟혀 많이 부서진 터라 비만 오면 지붕에서 빗물이 새어 바닥에 뚝뚝 떨어졌다. 그래서 이미의 아버지는 지붕에 비닐천이며 펠트지며 다른 무언가를 덮어 비를 막았다.

하지만 이미는 어머니의 말을 듣지 않았다. 아버지가 여태껏 그를 때린 적 없었기에 어머니가 그냥 하는 말이라는 것을 알기 때문이다. 그가 지붕 위에서 폴짝폴짝 뛰어다니고 소리 질러도 어머니는 워낙 성격이 좋아서 몇 마디 나무라면 그만이었다.

이미는 비둘기들이 어지간히 비행하였다고 생각하거나 본인이 지쳐서 더는 버틸 수 없을 때에야 비로소 멈추었다.

그러면 비둘기들은 하늘에서 뚝 떨어지듯 땅에 내려앉았다.

이미는 제집 침대 밑에서 비둘기를 길렀다. 우리가 비둘기를 보러 비교적 일찍 이미네 집에 갔을 때 비둘기들이 아직 침대 밑에 있으면 우리는 침대 가장자리에 앉아서 기다렸다. 비둘기들은 우리 엉덩이 아래에서 구구구 울고는 우리의 발 사이를 드나들었으며 때로는 우리 신발에다 똥까지 쌌다.

처음에 우리는 비둘기들이 이미의 침대 밑에서 어떻게 사는지 몰랐다. 침대 밑이 칠흑 같아 밖에서는 아무것도 보이지 않기 때문이다. 우리는 이미의 침대 밑에 구불구불한 구멍이 다소 있어 비둘기들이 쥐처럼 구멍에서 살고 있을 것이라고 추측하였다. 나중에 우리는 이미의 허락을 받고 침대 밑으로 들어가 보았다.

우리는 손전등을 들고 엉덩이를 치켜든 채 이미의 침대 밑으로 기어 들어갔다.

손전등을 켜고 비추어 보니 비둘기들은 우리가 생각한 것처럼 쥐구멍에서 사는 것이 아니라 판자로 만든 상자에서 살고 있었다. 상자에 작은 구멍이 있어 비둘기들이 그 구멍으로 들락날락하였다.

우리는 침대 밑에서 기어 나온 후 맞보면서 저도 모르게 깔깔 웃어 댔다.

우리는 꼴이 말이 아니었다. 얼굴과 손은 더러워졌고 새까매졌으며 흰옷도 거의 검은 옷으로 변하였다. 머리에 낡은 헝겊, 지푸라기, 누런 나뭇잎, 담배꽁초 등 별별 물건이 다 붙어 있었다······. 그때 이평은 머리에 동그랗고 큰 토별충까지 이고 나왔다.

우리 어머니는 이미네가 비위생적이고 살림도 할 줄 모른다고 하였다. 이미 아버지는 월급을 받기만 하면 어떻게든 돼지머리를 사서 한 솥 끓여 온 가족이 배불리 먹었다. 그리고 나서 후보름은 쭉 옥수수떡과 죽으로 끼니를 때웠다. 생활용품은 되도록이면 장만하지 않았고 먹는 데 돈을 다 써 버렸다. 사실, 우리가 살고 있는 산수구동네의 많은 가구들은 이리하였다.

이미네 집은 침대가 두 개 있는 단칸방이었다. 이미의 부모님이 침대 한 개를 사용하였고 일미가 시골에 내려갔기에 이미, 삼미, 사미, 오미 네 형제가 침대 한 개를 공용하였다. 침대 두 개는 커튼으로 가로막아 놓았다. 벽 가까이에 네모난 탁자 한 개와 의자 두 개가 있었기에 다른 물건을 놓을 자리가 없었다. 이미네는 무엇이든 침대 밑에 두는 것 같았다. 수납용 나무 상자, 고물, 빨래 대야, 도마······요리용 알탄도 침대 밑에 두었다.

이미네는 식구가 많지만 수입이 적었기에 돈을 절약하기 위해 요리할 때 구멍탄을 때지 않고 직접 알탄을 만들어 땠다. 산수구동네의 대다수 가구들은 이리하였다.

이미네 집에서 알탄을 만들 때 우리에게 도움을 청하였는데 누가 거들러 오면 이미는 자기의 비둘기를 보여 주었다.

우리는 석탄 가게에 가서 줄을 서서 탄가루를 구매한 뒤 손수레로 실어 왔다.

우리는 또 북하北河 모래톱에 가서 황토를 실어 왔다. 모래톱의 황토는 가늘고 끈끈하여 알탄을 만드는 데 안성맞춤이었다.

우리가 도로에서 손수레를 끌고 소리치면서 질주하자 행인들은 잇따라 발걸음을 멈추고 우리를 바라보았다.

우리는 실어 온 탄가루와 황토를 이미네 집 마당 입구의 길가에 부려 놓았다.

탄가루와 황토를 한 번 체질해서 석탄 덩어리와 흙덩이를 골라낸 다음 탄가루와 황토를 섞어서 삽으로 골고루 저어 주었다.

이미 아버지가 우리를 진두지휘하였다. 탄가루와 황토의

비율은 아주 엄격하였다. 황토를 적게 섞으면 알탄의 모양이 갖추어지지 않을 뿐더러 양도 적었고 많이 섞으면 잘 타지 않았기에 이 부분은 이미 아버지가 주도하였다.

우리는 탄가루와 황토를 잘 배합해서 쌓아 올린 뒤 중간에 큰 구덩이를 팠는데 마치 달나라의 환상산 같았다. 그다음 한 사람이 양동이로 공용 수도의 수돗물을 길어다 '환상산'에 조금씩 부으면 다른 사람이 삽으로 안쪽을 섞어 물이 탄가루에 골고루 스며들도록 하였다. 그러면 탄가루는 점차 풀처럼 되었다.

그리고 나서 삽으로 풀 상태의 석탄을 땅바닥에 평평하게 펴고 바르고 얇게 눌러서……

마지막 공정은 삽으로 평평하게 펴 놓은 풀 상태의 석탄에 수평선과 수직선을 긋는 것이었다. 그래야 한 장 한 장의 많은 알탄을 만들어 낼 수 있었다.

이 공정은 이미 아버지가 직접 하였다. 그는 삽을 들고 삽 모서리로 잘 펴 놓은 풀 상태의 석탄에다 줄을 그었다. 그는 힘이 있기에 가로세로 줄을 똑바로 그을 수 있었다. 우리도 그어 보았지만 아무도 이미 아버지처럼 곧게 그을 수 없었다. 우리가 그은 줄은 마치 뱀이 기어간 것처럼 구불구불하였다.

우리는 학교에서 당번을 설 때보다 훨씬 더 열성적으로 신나게 일하였다. 한번은 석탄 가게의 배달원 조리천이 손수레를 끌고 이미네 집 앞을 지나다가 우리가 일하는 것을 한쪽에 서서 보더니 웃으며 이미 아버지에게 말하였다. "이게 바로 구유에 먹이가 없으니 돼지들끼리 떠받는 거잖아요." 그러자 이미 아버지가 맞장구쳤다. "그렇구말구요." 그 후, 나는 조리천에게 그 말이 무슨 뜻이냐고 물었다. "무슨 일이든 다투어 하면 재미있지. 근데 구멍탄 배달은 그렇지 않아." 그는 이렇게 대답한 뒤 무거운 손수레를 끌고 끙끙거리며 떠났다. 그 모습은 마치 개미가 절구통을 물고 나가는 것 같았다.

땅바닥에 알탄을 펴 놓고 천천히 건조시켰다. 비둘기들은 그 위를 왔다 갔다하면서 무언가를 쪼아 먹었다. 우리가 이미에게 비둘기들이 무엇을 먹느냐고 묻자 비둘기는 먹이를 먹고 나서 또 작은 돌멩이를 찾아 먹어야 한다고 하였다. 비둘기는 이도 없고 위도 없기에 돌멩이를 먹음으로써 모이주머니의 모이를 갈아 소화시킨다고 하였다.

우리는 이미가 진정한 비둘기왕이라고 생각하였으며 그가 감탄스러웠다.

알탄이 다 마르면 우리는 집 안으로 들여와 이미 침대 밑에 집어넣었다. 알탄을 땔 때 이미네는 침대 밑에서 알탄을 끄집어냈다.

어느 날, 나는 불현듯 무언가 생각났다. '이미한테 흰 비둘기가 있을지도 몰라. 이미의 비둘기들이 맨날 알탄을 접촉하니까. 아마 검은 비둘기 몇 마리도 구멍탄 배달원 조리천의 작업용 장갑처럼 본래는 흰색이었을 거야.'

우리 집은 알탄을 때지 않고 구멍탄을 땠다. 요즘은 대다수 물품을 계획적으로 구매해야[1] 되는데 구멍탄도 마찬가지였다. 구멍탄을 다 때고 나면 나는 석탄 구입 장부를 가지고 석탄 가게에 가서 줄을 서서 구멍탄을 구매하였다. 그러면 구멍탄 배달원 조리천이 손수레를 끌고 우리 집에 구멍탄을 배달해 주었다. 우리 아버지는 간부 학교[2]에서 노동 교화를 하고 있었고 집에는 어머니와 나밖에 없었다. 조리천이 매번 날라다 준 구

---

[1] 계획적 구매는 중국 계획 경제 시기 배급표나 구매권으로 물품을 구입하였던 사회적 현상.
[2] 문화대혁명 기간 마오쩌둥의 '5·7 지시'에 따라 창립되어 간부를 노동 교화하고 사상 교육하는 학교.

명탄은 집 짓는 데 쓰는 벽돌처럼 바짝 말라서 두드리면 탕탕 소리가 났다. 그래서 어머니는 구매한 구멍탄이 아주 잘 탄다며 매번 나를 칭찬해 주었다.

조리천은 체구가 작고 말랐지만 힘이 장사였다. 그는 예전에 출가한 적 있는데 육식하지 않고 채식만 하면서 수행하였다고 한다. 이런 그가 수레를 끌 때면 마치 개미가 절구통 물고 나가듯하였다. 그는 장갑을 낀 채 판자로 구멍탄을 잔뜩 받쳐들고 우리 집에 날라다 주었다. 그의 작업용 장갑은 처음에는 하 는데 나중에는 점점 까맣게 되었다. 아마 이미의 흰 비둘기도 그러하였을 것이다.

그때 나도 비둘기를 기르고 싶은 마음이 간절하였지만 어디서 비둘기를 구할 수 있는지 몰랐다. 그래서 이미에게 물어본 적 있었다. "네 비둘기가 알을 낳아 새끼 비둘기를 부화하게 되면 나한테 줄 수……." 내 말이 채 끝나지도 않았는데 그는 크게 놀란듯 눈이 휘둥그래서 나에게 말하였다. "키울 수 있겠어? 넌 못 키워. 어림도 없지!" 그래서 나는 비둘기를 키우는 것은 먼 훗날 일이라고 생각하였다.

다행히 우리는 이것 말고도 또 할 것이 있었다.

2
홍수가 나서 채소를 건지러 갔다

지금은 여름철이라 이따금 큰비가 내린다. 우리가 살고 있는 도시는 지형상 남쪽이 높고 북쪽이 낮았는데 남쪽에는 기복이 심한 남산이 있고 북쪽에는 누렇게 흐린 북하가 있었다. 동네 어르신의 말에 의하면 우리가 살고 있는 동네는 원래 방수로였다고 한다. 방수로가 남산에서 북하로 이어졌기에 큰비로 홍수가 나면 방수로를 따라 북하로 흘러들었다. 방수로 북쪽에 철도 화물장이 있었다. 철도 화물장의 일꾼들이 점점 방수로 부근으로 모여들어 집을 짓게 되면서 방수로는 점차 동네로 되었으며 산수구라는 이름을 갖게 되었다. 방수로가 동네로 변하였지만 홍수는 아랑곳하지 않고 큰비가 내릴 때마다 여느 때처럼 남산에서 돌진해 왔다.

홍수는 다족 왕지네처럼 지나가면서 발에 닿는 대로 숱한 물건을 쓸어 갔다. 그래서 홍수만 나면 우리는 밖으로 뛰쳐나가 물속에서 유용하다고 생각되는 것을 건졌다.

이평의 아버지는 물속에서 앞과 양옆에 털가죽을 댄 방한모를 건진 적 있다. 그는 방한모를 햇볕에 말렸다가 겨울만 되면 착용하였다. 방한모는 양쪽 털가죽이 축 늘어져 있었는데 그가 걸을 때면 달싹거려서 마치 돼지 머리 같았다. 그는 아직도 겨울이면 방한모를 착용하고 다닌다.

탁구 치기를 좋아하는 공화평은 물속에서 다섯 겹 합판을 건진 뒤 목수 왕목근에게 부탁해서 탁구채를 만들었다. 그는 종일 탁구채를 엉덩이 쪽의 벨트에 찌르고 다니며 뽐냈다.

이미는 주로 펠트지와 비닐천을 건졌는데 페인트 통의 낡은 뚜껑도 원하였다. 그래서 때로는 우리를 동원해 이것을 건져서 제집 마당에 쌓아 두었다. 이것은 자신이 밟아 깨뜨린 기왓장 대신 지붕을 덮는 데 사용되었다. 추측하건대 관찰력이 남다른 비둘기라면 하늘에서 이미네 집 지붕을 내려보면서 자투리 천이나 넝마 조각을 덧붙여 만든 두터운 조각 같다고 확신하였을 것이다.

사실, 더 좋은 것들도 있었지만 우리는 건지지 못하였다.

우리 동네 위쪽에 가구 공장이 하나 있었는데 공장에서는 가구를 만들고 남은 자투리 자재를 마당에 쌓아 두었다. 큰비만 내리면 홍수는 왕지네처럼 발을 가구 공장의 마당으로 뻗어 자투리 자재를 한 움큼씩 집어 갔다.

우리 동네에 왕목근이란 사람이 살고 있었다. 목공 솜씨가 있는 그는 사람을 넋 놓고 쳐다보는 습관이 있었다. 어른들은 그가 정신적 충격을 받은 적 있다며 아이들보고 멀리하라고 하였다. 사실, 그는 타인에게 매우 상냥하였고 우리는 그가 다른 사람을 해코지하는 것을 본 적 없기에 그를 피하지 않았다.

비만 오면 왕목근은 집에서 나와 동네 한가운데 서서 홍수를 기다렸다.

홍수가 콸콸 흘러왔다.

왕목근은 물속에서 양팔을 벌리고 다리를 구부려 기마 자세를 한 채 안정적으로 엉거주춤 서 있었다. 그 모습은 마치 물속에서 고기를 더듬는 어부 같았다.

왕목근은 상류에서 떠내려오는 물건을 꼼꼼히 구별하였다.

왕목근은 다른 물건은 건지지 않고 나무만 건졌다.

그는 떠내려오는 나무가 보이기만 하면 대어를 본 어부처럼 냉큼 달려들어 건졌다.

커다란 물보라가 그의 몸 아래쪽에서 흩날렸다.

왕목근은 양쪽을 번갈아 덮치면서 나무를 많이 건졌다.

왕목근은 건진 나무를 톱질하고 대패질해서 가구를 만들었다.

왕목근은 가구 한 세트를 만들어 장가들 생각이었다.

지금은 목재 구하기가 너무 어려워 돈이 있다고 해도 수완이 없으면 구할 수 없었다. 하지만 왕목근은 돈도 수완도 없었기에 어쩔 수 없이 물속에서 나무를 건져서 사용하였다.

사람들이 왕목근에게 가구가 어떻게 되었느냐고 물으면 그는 빙그레 웃으며 대답하였다. "곧 완성돼요. 세숫대야 틀, 침대 머리, 걸상은 다 만들어 놓았고 이제 큰 옷장을 만들려고 해요."

우리 동네 위쪽에 또 채소 시장이 하나 있었다. '왕지네'는 밀고 내려오다가 발이 가는대로 채소 시장의 채소를 한 움큼씩 집어 갔다.

채소 시장에 별도의 저장고가 없었기에 채소를 실어 온 후 그냥 길바닥에 부렸다. 길가에 녹색 잎채소, 무, 오이, 토마토 따위를 한 무더기씩 부리면 판매원이 채소를 가게 안으로 들여와 판매대에 올려놓았다.

이때 비가 오면 판매원들은 비를 피해 가게 안으로 뛰어 들어갔지만 미처 가게 안으로 들여놓지 못한 채소는 그대로 밖에 쌓여 있었다.

홍수가 들이닥쳤다. 이 '왕지네'는 채소 시장을 지나가는 김에 밖에 쌓아 둔 채소 일부를 집어 갔다.

우리는 그렇게 기쁠 수가 없었다.

우리는 무엇이 떠내려오는지 보려고 채소 시장 출구의 옆길에서 기다렸다.

시금치 몇 개가 떠내려왔지만 우리는 건지지 않았다.

파 몇 개가 떠내려왔지만 우리는 역시 건지지 않았다.

무 몇 개가 떠내려오면 우리는 앞다투어 건져서 그 자리에서 깎아먹었다.

또 가지 한 개가 떠내려와서 우리는 건졌다. 가지는 생으로 먹어도 맛있었다.

고추가 떠내려왔지만 우리는 건지지 않았다·······.
와! 새빨간 토마토가 떠내려왔다. 이것은 우리가 제일 좋아하는 것이다. 새콤달콤한 토마토는 참으로 너무 맛있었다.
이 때문에 우리는 큰비가 와서 홍수가 지기를 무척 고대하였다.
하지만 우리의 이런 바람은 결국 이평에 의해 망쳐 버렸다.
이평의 본명은 진덕신陳德新인데 뒷통수가 도마처럼 평평해서 우리는 그를 이평이라 불렀다. 그의 고향은 동북 지역이다. 사람들의 말에 의하면 여기 사람들은 보통 아이를 한쪽으로만 눕혀 재우기에 뒤통수가 눌리어 평평하다고 하였다. 그래서 그와 그의 남동생 삼평은 모두 뒤통수가 평평하였다.
이평은 길거리에서 낙서하기를 좋아해서 학교에서 가져온 분필 한 자루를 항상 주머니에 넣고 다니면서 가는 곳마다 그림을 그려 놓았다. 그는 오늘은 이 사람 타도한다 하고 내일은 저 사람 욕하면서 그에 상응하는 부적 같은 것도 다소 그려 놓았다. 산수구동네의 담장은 그의 낙서로 거의 도배되었다. 파출소 대문에까지 낙서해서 파출소 경찰에게 따끔하게 혼난 적 있었다.

이평네는 워낙 형편이 어려웠기에 이평과 그의 형제는 학교 다닐 때 공납금을 전부 면제받았다. 이평네 일인당 월평균 수입이 인민폐 8위안[3] 미만이었기 때문이다. 이평의 아버지는 원래 운송부에서 손수레로 화물장에 물품을 운반하는 일을 하였다. 하지만 이평의 아버지가 산재로 허리를 심하게 다쳐 일할 수 없게 되면서 이평의 어머니가 집에서 성냥갑을 만들어 살림에 보태었다.

이평과 삼평의 솜옷은 모두 어머니가 손수 만들었다. 봄이면 솜옷에서 솜을 꺼내 겹옷으로 입었고 겨울이면 다시 솜을 두어 솜옷을 만들어 옷 한 벌을 세 계절 입었다.

철이 든 이평은 집안 사정이 어려운 것을 알기에 생활비 지출을 줄일 수 있는 방법을 찾아 보았다.

한번은 이미네 집에서 알탄을 다 만든 뒤 땅바닥에 펴 놓고 말리고 있었다. 알탄이 다 말라 갈 무렵 이미는 문득 알탄 두 줄이 사라진 것을 발견하였다.

---

3 한화 1489원에 해당.

이미는 화가 단단히 나서 가는 곳마다 누가 훔쳤느냐고 물었다.

어떤 아이가 달려와 간밤에 이평과 삼평이 땅바닥에서 알탄을 떼서 뛰어가는 것을 목격하였다고 고자질하였다.

화가 치민 이미는 이평을 찾아갔고 우리는 구경하러 이미를 따라갔다.

이평이 이미네 집 알탄을 가져갔다고 시인할 턱이 없었다. 이평은 이미를 제집 석탄 저장실 부근으로 데려가 이미더러 찾아보라고 하였다. 이평네 집도 알탄을 때는데 벽돌로 쌓은 석탄 저장실에 알탄을 두었다. 이평은 이미보고 마음대로 찾아보라면서 찾아내면 기꺼이 이미의 바짓가랑이 사이로 기어가겠다고 하였다.

우리가 석탄 저장실에 다가가 보니 온통 알탄이었다. '여기서 어떻게 제집 알탄을 찾을까? 알탄은 다 비슷비슷하지 않은가?' 우리는 생각하였다.

예상 외로 이미는 정말로 찾아 나섰다. 그는 허리를 굽히고 석탄 저장실을 뒤졌다.

이미는 뒤적이다 알탄 하나를 꺼내 들고 이평에게 다가가 물었다. "이거지?"

이미는 또 하나를 뒤져내더니 이평에게 다가가 보여 주었다.

"무슨 근거로 이게 네 거라고 하니? 무슨 근거로? 네가 부르면 알탄이 대답하니? 불러 봐……." 이평은 목을 쭉 빼고 당당하게 말하였다.

'그러게. 알탄은 다 똑같이 생겼는데 이미는 무슨 근거로 그게 제집 알탄이라고 할까?' 우리도 그렇게 생각하였다.

"내가 부를 필요가 없어." 이미는 알탄 두 개를 가리키며 말을 이었다. "이게 뭔지 봐."

이평은 대번에 얼굴이 빨개졌다.

알고 보니 그 두 알탄 위에 비둘기 발자국이 뚜렷이 찍혀 있었다.

역시 이미!

이미는 석탄 저장실을 한참 뒤지더니 비둘기 발자국이 찍혀 있는 알탄을 몽땅 뒤져냈다.

이평의 남동생 삼평은 어려서 사태 파악을 못하기에 왜 제집 알탄을 가져가느냐며 그러면 안 된다며 고집부렸다. 그러자 이평은 삼평을 밀면서 말하지 못하게 하였다.

이미는 집에 돌아와서 어머니에게 자초지종을 이야기해 주었다. 그러자 어머니는 대뜸 눈썹을 치켜세우며 알탄을 다시 이평네 집에 가져다주라고 소리쳤다. 우리는 알탄을 다시 이평네 집으로 낑낑거리며 나르는 수밖에 없었다.

나중에 이평이 우리에게 말하기를 이미가 제집 알탄을 알아볼 줄은 꿈에도 생각지 못하였다고 하였다. 만일을 대비해 당시 이평은 훔쳐 온 알탄을 제집 알탄과 섞어 놓았다. 이미가 정말 찾아낼 줄 누가 알았겠는가?

하지만 이미는 이평더러 자신의 바짓가랑이 사이로 기어가라고 하지 않았고 그저 이평을 발로 찼을 뿐이었다. 그리고 나서 이미는 우리보고 알탄을 들고 따라오라고 하였다.

이미는 집에 돌아와서 어머니에게 자초지종을 이야기해 주었다. 그러자 어머니는 대뜸 눈썹을 치켜세우며 알탄을 다시 이평네 집에 가져다주라고 소리쳤다. 우리는 알탄을 다시 이평네 집으로 낑낑거리며 나르는 수밖에 없었다.

이미의 어머니는 가는 김에 이평과 삼평에게 옥수수떡 두 개를 가져다주라고 이미에게 말하였다.

비만 오면 이평도 밖으로 뛰어나갔는데 우리처럼 단순히 재미로 건지는 것은 아니었다. 그와 남동생 삼평은 매번 바구니를 하나씩 들고 나갔다. 두 형제는 우리와 물속에서 앞서거니 뒤서거니 경쟁하면서 서로 앞장서려 하였다. 선두를 차지하는 사람은 으레 최상의 채소를 쟁취할 수 있기 때문이었다.

우리는 채소를 먹으면서 건졌지만 두 형제는 건지기만 하고 먹지 않았기에 아주 거뜬하게 두 바구니를 꽉 채웠다.

이렇게 두 형제는 어머니를 위해 적잖은 식재료 비용을 절약할 수 있었다.

또 큰비가 내려 홍수가 났다. 이평과 우리는 여전히 서로 쫓고 쫓기면서 번갈아 달리다가 그만 옆길을 벗어나 채소 시장에 들어갔다.

채소 시장 입구에 국영 정육점이 있었는데 정육점 종업원 곽일도가 당일 고기를 매진하고 문어귀에 서서 홍수를 구경하고 있었다. 갑자기 어디선가 떠들썩하는 소리가 났다. 곽일도는 채소를 건지는 우리를 한눈에 발견하고 고래고래 소리를 질렀다.

"야! 못된 녀석들!"

우리는 곽일도를 유난히 무서워하였다. 우리는 그의 고함 소리를 듣기만 하면 냅다 뛰었다.

곽일도가 뒤에서 채소 가게 판매원을 향해 소리쳤다.

"이봐요, 채소가 홍수에 다 떠내려갔잖아요!"

그 후, 비가 내려도 우리는 이 '인기 상품'들을 거의 볼 수 없게 되었다. 알고 보니 날씨가 흐리기만 하면 판매원이 벽돌로 채소 더미를 빙 둘러놓았던 것이었다. 이렇게 대비해 놓았으니 제아무리 커다란 '지네'라도 더 이상 채소를 가져가기 힘들었다. 이렇게 우리는 큰 즐거움을 잃고 말았다.

우리는 이평이 죽도록 미웠다. 그가 우리와 채소를 다투어 건지지 않았더라면 곽일도에게 발각되지 않았을 것이며 곽일도가 채소 가게 판매원에게 이르는 일도 없었을 것이다. 하지만 한편으로 이런 생각이 들었다. '어쨌든 이평도 채소를 건지지 못하게 돼서 그의 어머니가 다시 돈을 내고 채소를 사야 하니 이평도 아무런 이득을 보지 못한 게 아닌가?' 이렇게 생각하니 마음이 편해졌다.

하지만 상황은 우리가 예상하였던 것과 전혀 달랐다. 하루는 이평이 갑자기 파출소에 끌려갔다. 그가 일을 저질렀기 때문이다.

그날 막 비가 오려 할 때 이평과 남동생 삼평은 또 채소 시장에 갔다.

이평과 삼평은 판매원들이 비를 피해 가게 안으로 들어간 틈을 타서 채소 더미 앞으로 달려가 벽돌 몇 장을 살그머니 빼냈다.

그들은 토마토 더미와 가지 더미에서 벽돌 몇 장을 더 빼냈고 시금치 더미에서도 한 장을 빼냈지만 무 더미는 건드리지 않았다. 이평의 아버지가 무를 싫어하기 때문이었다. 하지만 고추 더미에서 벽돌 몇 장을 더 빼냈다. 이평의 어머니가 고추를 좋아하기 때문이었다. 가지고추조림은 얼마나 맛이 좋은지 모른다.

두 형제는 옆길의 갈림길에서 기다리고 있었다.

큰비가 오고 '왕지네'도 왔다. 경쟁자가 없었기에 이평과 삼평은 바구니에 채소를 수북이 채웠다.

……

이평은 제딴은 훌륭하다고 생각하였지만 실은 그렇지 않았다. 채소 더미 지척에 있는 정육점 종업원 곽일도가 창문 너머로 그의 행태를 진작에 지켜보고 있었다. 또 비가 올 것 같아 이평과 삼평은 기존의 방식대로 행동을 개시하였다. 그들은 결국 곽일도와 채소 가게 판매원에 의해 현행범으로 잡혀 파출소로 압송되었다.

파출소 경찰은 이번에 두 번째로 이평을 보았다. 지난번에는 파출소 대문에다 낙서하였고 이번에는 또 무슨 일을 벌였을까? 곽일도 일행은 이평과 삼평의 귀를 잡아당기며 경찰에게 그들의 범행을 일렀다. 경찰은 곽일도 일행의 행동을 제지한 뒤 이평과 삼평을 한바탕 교육하였다. 경찰은 곽일도 일행에게 이평과 삼평의 행위가 옳지 않지만 어쨌든 판매대에서 훔친 것이 아니고 길가에 쌓아 둔 채소 더미에서 가져간 것이기에 절도죄에 해당하지 않는다고 설명해 주었다. 경찰은 이평과 삼평을 구속하지 않았다.

    파출소를 나온 곽일도는 분이 풀리지 않았는지 이평과 삼평을 잡아당기고는 소시지 같은 중지와 엄지를 맞붙였다가 엄지로 그들의 이마에 딱밤을 탁탁 한 대씩 때렸다. 그들은 너무 아파서 엉엉 울음을 터뜨렸다.

    그때부터 이평은 곽일도에게 앙심을 품었다.

3
살구씨 놀이의 강자

 무슨 일이든 강자가 있기 마련이다. 비둘기 기르는 데서 강자가 있었으니 바로 이미이고 채소 쟁취하는 데서 강자는 이평이고 살구씨 놀이도 강자가 있었으니 바로 별명이 '오리'인 서선명이다. 뒤뚱거리며 팔자걸음을 걷는 서선명의 모습이 오리 같아서 우리는 그를 '오리'라 불렀다.
 늦여름, 살구가 무르익자 우리는 살구씨 놀이를 시작하였다.
 우리는 '건너 따먹기'라는 살구씨 놀이를 즐겼다. 두 사람이 같은 양의 살구씨를 가지고 가위바위보로 순서를 정한 후 먼저 하는 사람이 살구씨를 뿌리면 다른 사람이 그중에서 배열 난이도가 제일 높다고 생각되는 살구씨 세 개를 골라서 남긴

다. 먼저 하는 사람이 엄지로 첫 번째 살구씨를 튕겨서 세 번째 살구씨를 맞히되 두 번째 살구씨를 넘어서 맞혀야 한다. 하지만 첫 번째 살구씨가 장애물인 두 번째 살구씨를 건드리면 안 되며 건드릴 경우 진 것이나 마찬가지이다. 이렇게 세 번째 살구씨를 맞히면 이긴 것이나 마찬가지이고 승자가 살구씨를 싹쓸이한다. 세 번째 살구씨를 맞히지 못하면 상대방이 튕기는 식으로 살구씨 놀이를 하였다.

별명이 '오리'인 서선명은 살구씨 놀이 실력이 뛰어나서 누구와 겨루어도 이겼다. 그에게 남다른 비밀 무기가 있었기 때문이다.

'오리'의 오른손 엄지손톱은 한 치 남짓하였다. 가위로 엄지손톱을 끝이 아주 뾰족한 삽 모양으로 자르고 밖으로 휘어지게 하여 아름다운 곡선을 만들었다. 엄지손톱은 공장에서 만든 스테인리스 제품처럼 반짝거렸다.

'오리'에게 이런 무기가 있었기에 아무리 대처하기 어려운 상황에 부닥쳐도 목표물을 명중할 수 있었다. 살구씨 가장자리와 바닥의 틈새가 손톱 두께 정도만 되면 그는 이 틈새에 기이한 손톱을 조심스레 밀어 넣고 검지로 엄지를 누르면서 살구씨를 튕겼다. 그러면 살구씨가 수직으로 날아올라 장애물을 넘어 목표물을 명중하였다.

우리도 이런 무기를 만들고 싶었다. 어떤 사람은 손톱을 깨물지도 물어뜯지도 않고 정말로 '오리'처럼 길게 길러서 뾰족하게 다듬었다. 하지만 손톱이 길다 보니 어쩔 수 없이 약해지거나 부드러워졌고 자칫하면 갈라질 수도 있었다. 특히 '오리'의 손톱과 같은 곡선을 만들 수 없었다. 많은 사람들이 '오리'를 찾아가 어떤 방법으로 손톱을 그렇게 만들었느냐며 비법을 물어보았지만 그는 입을 꾹 다물고 누구에게도 알려 주지 않았다.

산수구동네에서 오직 '오리'만 이런 기괴한 손톱을 가지고 있다 보니 진정한 독보적인 비밀 무기가 아닐수 없었다.

우리 동네 여기저기에서 아이들이 무더기로 모여 엉덩이를 치켜든 채 머리를 맞대고 살구씨 놀이를 하였다. '오리'는 늑대처럼 킁킁 냄새를 맡으며 동네를 어슬렁거리다가 먹이를 발견하면 확 덮쳤다.

'오리'는 이렇게 우리 주머니의 살구씨를 쥐 소금 나르듯 야금야금 가져가다가 나중에 가차없이 모조리 자기 손에 넣었다.

우리 동네의 아이들은 '오리'와 살구씨 놀이만 하면 수중의 살구씨를 깡그리 잃었다. 우리가 벌거숭이로 모태에서 나올 때처럼 우리는 살구씨를 몽땅 날리고 다시 벌거숭이로 되었다.

이해가 되지 않는 것은 '오리'는 딴 살구씨가 산적하였지만 지금껏 다른 사람에게 단 한 알도 준 적 없거니와 아무도 그에게서 살구씨를 빌리지 못하였다는 것이다. 살구씨에 있어서 '오리'는 짠돌이 중 짠돌이었다.

한번은 이런 일이 있었다.

'오리'가 살구씨 놀이의 강자라는 소문은 날개 돋친 듯 퍼져 나가서 점차 타지까지 소문이 났다.

그러던 어느 날, 누군가 '오리'를 찾아와 도전장을 내밀었다.

그의 이름은 손건국이었다. 그는 불룩한 책가방을 비스듬히 메고 달그락달그락 소리를 내며 걸어왔다.

손건국이 책가방을 열자 우리는 목을 빼고 들여다보았다.

우리는 저도 모르게 와 하고 소리를 질렀다.

책가방 안에 샛노란 살구씨가 잔뜩 들어 있었다.

마침 햇빛이 살구씨를 비추자 황금처럼 찬란한 빛을 뿜어 냈다. 눈부신 빛발 때문에 우리는 정말 눈이 아플 지경이었다.

우리는 숭배하는 마음으로 손건국을 눈여겨보았다. 우리는 이 꺽다리가 천하 갑부라고 생각하였다.

손건국에게 살구씨가 왜 그렇게 많은지 아세요?

그의 아버지가 홍성통조림공장에서 일하니까요.

홍성통조림공장의 주요 제품은 과일 통조림인데 홍성표 당밀 사과, 당밀 황도, 당밀 야리[4] 따위가 있었다. 이 통조림 공장은 우리가 살고 있는 도시에서 이름 있는 공장이다. 그래서 친척 집을 방문하거나 병원에 병문안 갈 때 알록달록한 상표가 부착된 홍성표 과일 통조림 두 병 그리고 노란 종이로 잘 포장한 타오쑤[5]와 미싼다오[6] 한 봉지를 가지고 가면 정말 체면이 서는 일이었다.

통조림 공장의 제품은 계절적이기에 사과 철이면 사과 통조림, 황도 철이면 황도 통조림, 야리 철이면 야리 통조림을 생산하였다. 지금이 바로 홍성통조림공장에서 당밀 살구 통조

---

4   주로 중국 허베이성河北省에서 많이 재배하는 배의 한 품종.
5   밀가루와 계란 등으로 만든 바삭바삭하고 달콤한 과자.
6   보리 등 양식을 발효하고 당화하여 만든 과자.

'오리'는 집으로 돌아가서 빈 밀가루 포대를 가져오더니 딴 살구씨를 그 안에 넣었다.

림을 만드는 계절이다.

이미의 막내 남동생 오미는 여태껏 이렇게 많은 살구씨를 본 적 없기에 손을 뻗어 살구씨를 만지려 하였다. 손건국과 함께 온 두 아이가 호통치자 오미는 놀라서 대번에 손을 움츠렸다. 하지만 손건국은 통쾌하게 오미에게 살구씨 한 줌을 쥐어 주었다. 그러자 오미는 기뻐서 어쩔 줄 몰랐다.

나는 손건국에게 호감이 갔다.

살구씨 놀이는 바로 시작되었다.

손건국은 분명 마력의 손톱을 가진 '오리'의 상대가 아니었다. 손건국 책가방 안의 살구씨는 점점 줄어들었지만 '오리'의 옷 주머니는 점점 불룩해졌다.

'오리'는 집으로 돌아가서 빈 밀가루 포대를 가져오더니 딴 살구씨를 그 안에 넣었다.

……

손건국은 결국 마지막 살구씨 한 알마저 잃고 말았다.

'오리'는 일어나서 손에 묻은 흙을 탈탈 털어 낸 뒤 불룩한 밀가루 포대를 어깨에 메고 집으로 돌아가려 하였다.

"가지 마!" 손건국이 소리쳤다. 그는 눈이 토끼눈처럼 빨개서 '오리'에게 말하였다. "이겨 놓고 그냥 가면 안 되지!"

"그럼 계속 해!" '오리'의 말은 손건국을 무척 불쾌하게 하였다. '오리'는 손건국의 발 옆을 가리켰다. 너부러진 텅 빈 책가방은 마치 바람 빠진 타이어 같기도 하고 부풀어 올랐다가 홀쭉해진 두꺼비 같기도 하였다.

"일단 꿔 줘." 손건국은 얼굴을 붉히며 말을 이었다. "내일 당장 갚을게!"

"안 빌려줘!" '오리'는 말하였다.

"한 개 꿔 주면 세 개 갚을게!" 손건국은 '오리'를 잡아당기면서 또 말하였다. "돼 안 돼? 빌리고 제때에 갚을게. 그래야 다시 빌리기 쉽지……."

"안 돼!" '오리'는 단도직입으로 말하였다.

"그럼, 여섯 개 갚을게! 이만큼이면 됐지. 이 날강도야!" 손건국은 소리쳤다.

'이 정도면 괜찮은 거지. 한 개 빌려주고 여섯 개 얻으니까! 얼마나 이익이 되는 거래인가!' 우리는 생각하였다.

손건국은 두말할 것 없이 천하 갑부 중 갑부였다.

우리는 '오리'의 무패 행진을 관전할 작정이었고 그가 오늘 살구씨 부자가 될 것이라고 생각하였다.

하지만 숙맥 같은 '오리'는 되뇌었다. "안 빌려줘!"

우리는 '오리'의 대답에 무척 놀랐다. 이렇게 좋은 거래를 왜 마다할까? 이평은 '오리'의 옷을 잡아당기며 이유를 물었다.

'오리'는 고개를 돌려 우리에게 나지막이 말하였다. "내가 지기라도 하면?" 그리고 나서 한 마디 덧붙였다. "내가 이겨도 개한테서 살구씨를 받을 수 없잖아!"

"꿔 줘!" 손건국은 애처로운 표정으로 말하였다. "한 개 꿔 주면 나중에……."

"안 빌려준다 했잖아!" '오리'는 딱 잘라 말하였다. "있으면 놀고 없으면 그만 놀아!"

"너……." 손건국은 화가 잔뜩 나서 무슨 말을 해야 할지 몰랐다. 그는 뒤돌아보더니 오미를 가리키며 말하였다. "방금 오미한테 한 줌 줬는데……." 그러자 오미는 얼른 주머니를 가렸다.

"그럼, 오미보고 달라고 해." '오리'는 쌀쌀하게 말하였다.

"살구씨 좀 줄 수 있을까? 빌린 셈 치자. 나중에 갚을 게……." 손건국은 부드러운 말투로 오미에게 말하였다.

오미는 손건국이 말을 끝내기도 전에 줄행랑을 쳤다.

"정말 약아빠졌어!" 손건국은 화가 많이 나서 고함쳤다.

'오리'는 포대를 메고 떠났다.

"정말 약아빠졌어! 정말 약아빠졌어!" 손건국과 같이 온 두 아이도 '오리'의 뒷모습에 대고 소리쳤다.

우리 여기에서는 '인색하다'를 '약아빠지다'로 표현하는데 이 말은 정말 듣기 거북한 말이다.

외지인이 우리 동네에 와서 동네 사람을 괴롭히면 욕만 해도 우리는 거들었다. 하지만 오늘 '오리'의 행동은 우리를 너무 실망시켰기에 우리는 거들지 않고 그냥 보고만 있었다.

손건국은 부아가 나서 펄쩍 뛰면서 '오리'에게 달려들었다.

'오리'는 놀라서 불룩한 밀가루 포대를 꽉 껴안았다.

손건국과 '오리'는 밀가루 포대를 빼앗기 시작하였다.

손건국이 '오리'보다 키가 크고 힘도 셌기에 둘이 엉겨서 서로 빼앗는 와중에 손건국이 금세 우위를 점하였다. '오리'는 손건국에게 머리를 여러 대 맞았지만 먹이를 물고 늘어진 자라처럼 고개를 숙인 채 밀가루 포대를 꽉 껴안고 놓지 않았다.

"뭐 하는 거야! 뭐 하는 거야!" 갑자기 누군가 외치는 소리가 들렸다. "누가 싸우는 거야! 당장 손 떼지 못해!"

우리가 뒤돌아보니 구멍탄 배달원 조리천이었다.

손건국과 '오리'는 살구씨가 그득한 밀가루 포대를 서로 빼앗다가 찢고 말았다. 그러자 밀가루 포대에 담겨 있던 샛노란 살구씨가 온 바닥에 와르르 쏟아졌다.

'오리'는 엉엉 울기 시작하였다.

조리천은 손수레를 세우고 달려와서 손건국의 엉덩이를 두 번 찼다. 조리천은 강자가 약자를 괴롭히는 꼬락서니를 두고 볼 수 없었다.

그러자 손건국도 울기 시작하였다.

'오리'는 울면서 살구씨를 주웠다.

그러다 우리는 흩어졌다.

……

가을바람이 일자 살구씨 놀이도 끝이 났다.

하루는 우리 어머니가 반죽을 밀어야 하는데 밀방망이가 없다며 '오리'네 집에 가서 빌려 오라고 하였다.

'오리'네 집에 들어가니 '오리'가 앉아서 망치로 살구씨를 탁탁 깨고 있었다.

보니 방 한구석에 살구씨 더미가 산적해 있었다. '내 살구씨도 저기에 적잖게 있는걸.' 나는 생각하였다.

'오리'는 깨서 얻은 새하얀 행인을 앞에 놓인 자기磁器 그릇에 넣었다. 자기 그릇에 행인이 벌써 반수 이상 담겨 있었다.

나는 '오리' 어머니가 또 곧 행인 장아찌를 담근다는 것을 알고 있었다. 그녀의 장아찌 담그는 솜씨는 보통이 아니었다. 그녀는 여름에 먹고 남은 수박 껍질을 모아서 장아찌를 담갔고 다른 사람이 먹고 남긴 귤 껍질을 발견하면 모아서 장아찌를 담구었다. 담근 행인 장아찌가 워낙 맛깔스러워 정육점 종업원 곽일도도 그녀를 찾아와서 달라고 하였다. 곽일도는 그녀가 담근 행인 장아찌가 입맛을 돋우고 장 속의 지방도 제거한다고 하였다. '근데 행인 장아찌를 왜 그렇게 많이 담글까? 아무리 맛있어도 '오리'네 집식구들이 다 먹을 수 없을 텐데.' 나는 이렇게 생각하며 '오리'에게 물었다.

"우리 아빠한테 보내려고." '오리'는 고개를 들고 나를 보았다.

"우리 선명이 참 대단해! 살구씨를 많이도 구해 왔어." 절임용 토기 단지를 씻고 있던 '오리' 어머니는 산적해 있는 살구씨 더미를 가리키며 말하였다. "지난해 절여서 선명이 아빠한테 보내 줬는데 동료들이 좋아한다고 올해는 많이 담그래. 그렇잖아도 그 많은 행인을 어디서 구할지 고민했는데. 선명이 아빠하고 친구들 먹을 복이 있어!"

트럭 운전기사인 '오리'의 아버지는 이전에는 철도 화물장에서 화물을 운송하였는데 지금은 서남 지역의 전략적 후방 건설[7]을 지원하기 위해 섬서陝西에 가 있어서 한 번 돌아오기도 어렵다고 한다.

탁! 탁! 탁!……

---

7 서남 지역의 전략적 후방 건설은 1964년부터 중국 서남 지역의 건설을 재촉하여 중요 공업과 국방 첨단 항목을 옮겨 간 것을 일컬음.

4
조리천의 선물

하루는 길을 걷고 있는데 갑자기 뒤에서 누군가 나를 불렀다.

뒤돌아보니 구멍탄 배달원 조리천이었다.

조리천은 손수레를 세우고는 손등으로 이마의 땀을 닦았다. 그는 "해자!"하고 나를 부르더니 말하였다. "어디 있었니? 한참 찾았잖아."

"왜 저를 찾았어요?" 나는 물었다.

조리천은 손수레 손잡이에 맨 꽃무늬 가방을 열었다. 그는 평소에 이 가방에다 점심을 넣었다. 그는 웃으며 나에게 선물을 주겠다고 하였다.

'무슨 선물일까?' 나는 이렇게 생각하면서 손을 뻗어 받으려

하였다.

하지만 조리천은 꽃무늬 가방을 등 뒤로 감추고 나보고 맞혀 보라면서 내가 틀림없이 좋아할 것이라고 하였다.

"사오빙[8]!" 나는 말하였다.

조리천은 미혼이라 가족을 부양할 부담이 없었기에 사오빙을 사 먹을 형편이 되었고 자주 사 먹기도 하였다. 그는 사오빙을 사 먹는 김에 자기가 예뻐하는 아이에게도 주었다.

하지만 조리천은 머리를 흔들었다.

"살구씨!" 조리천은 나에게 살구씨를 조금 준 적 있다. 그는 내가 살구씨 모으는 것을 알기에 살구를 먹고 씨를 모아 나에게 주었다. 하지만 그는 살구씨가 더는 우리의 흥미를 끌지 못한다는 것을 아직 모르는 듯하였다.

하지만 조리천은 또 고개를 저었고 더욱 즐겁게 웃었다.

나는 애써 생각하였다.

"그럼, '황소'!" 나는 소리쳤다.

---

8   밀가루 반죽을 둥글납작한 모양으로 만들어 참깨를 뿌려 구운 빵.

'황소'는 바로 팽이이다. 우리는 팽이를 '황소'라 불렀다. 팽이는 계속 채찍질해야지 그렇지 않으면 돌아가지 않았다.

겨울이면 우리는 팽이치기를 하였다. 아스팔트 길에서 팽이채로 팽이를 치면 아무리 날씨가 추워도 금세 땀이 났다. 팽이치기 내기에서 이기면 무언가를 조금 딸 수도 있었다.

조리천은 해마다 나에게 직접 만든 팽이를 선물하였다.

조리천이 만든 '황소'는 아주 훌륭하였다. 크고 동그래서 큰 옥수수떡 같았다. 뾰족한 끝에 쇠구슬이 장착돼 있어 팽이채로 한 번 후려치기만 하면 화장실에 뛰어갔다 와도 계속 돌았다. 나도 '황소'를 만들어 본 적 있다. 나뭇가지를 구해다가 자르고 깎은 다음 자전거 수리공 주*씨 아저씨에게서 얻은 쇠구슬을 타이어 때우는 접착제로 부착하였다. 이렇게 만든 팽이는 마치 사용한 지 오래된 몽당연필 같아 보였다. 팽이채로 이 '몽당연필'을 후려치면 비뚤비뚤 돌기 시작하는데 다시 치기도 전에 취객처럼 비틀거리다가 쓰러졌다. '황소'를 주워서 보니 쇠구슬은 이미 어디론가 사라져 버렸다.

나는 조리천에게 본인은 어떻게 '황소'를 만들었으며 나는 왜 만들지 못하느냐고 물어본 적 있다.

겨울이면 우리는 팽이치기를 하였다. 아스팔트 길에서 팽이채로 팽이를 치면 아무리 날씨가 추워도 금세 땀이 났다. 팽이치기 내기에서 이기면 무언가를 조금 딸 수도 있었다.

"하하! 넌 당연히 못 만들지." 조리천은 동창이 목공소에서 일하는데 실패를 전문 제작한다고 나에게 알려 주었다. 적합한 나뭇조각을 찾아서 실패를 만드는 선반으로 깎으면 둥글둥글하게 깎여진다고 조리천은 말하였다.

나는 또 조리천에게 쇠구슬이 어찌 그리 단단하게 부착돼 있느냐고 물었다.

조리천은 '502[9]'를 사용해야 된다고 알려 주었다.

나는 오랫동안 '502'가 대체 무엇인지 알 수 없었다.

아무튼 조리천이 만들어 준 '황소'는 일품이었다. 다른 사람과 팽이치기를 겨루면 상대방 '황소'가 내 '황소'에 맞혀 튕겨 나갔기에 십중팔구는 내가 이겼다.

머지않아 팽이치기의 계절이기에 나는 이번에 틀림없이 맞혔다고 생각하였다.

"'황소'! 내놔요!" 나는 그에게 손을 내밀었다.

뜻밖에도 조리천은 웃으면서 여전히 고개를 저었다.

---

9 접착제의 일종.

"다시 맞혀 봐!"

"몰라요!" 나는 말하였다. 화난 척 입을 삐죽하고 돌아서 떠나려 하였다.

"알았어. 알았어······." 조리천은 오히려 나를 달래기 시작하였다. 그는 우리에게 매우 다정하였다. 어떤 어른들은 잘난 척하고 종종 우리를 놀렸지만 그는 여태껏 우리를 놀린 적 없었다. "이거 뭔지 봐."

그는 꽃무늬 가방을 나에게 건넸다.

나는 와 하고 외쳤다.

제가 뭘 봤을까요?

꽃무늬 가방 안에서 까맣고 작은 머리 두 개가 자유롭게 움직이고 있었다. 이 작고 까만 머리를 가진 두 녀석은 동그란 눈을 되록되록하며 나를 빤히 쳐다보았다.

비둘기다!

나는 고개를 들고 조리천을 보았다.

조리천은 반짝반짝 빛나는 하얀 이를 드러내고 나를 향해 웃고 있었다.

"제게 주는 거예요?" 나는 도무지 믿기지 않아 조리천에게 물었다.

"싫어?" 조리천은 나를 향해 눈을 껌뻑이었다.

"너무 좋아요!" 나는 소리쳤다.

5
와! 나에게 비둘기가 생겼다!

조리천은 꽃무늬 가방에서 비둘기 두 마리를 꺼냈다.

손수건으로 비둘기들의 몸통을 싸 놓았고 머리만 밖으로 내놓았다.

나는 조리천에게서 비둘기를 건네받을 때 손이 다 떨렸다.

나는 꽃무늬 가방을 코앞으로 가져왔다. 비둘기들은 정교하게 만들어진 보석 같은 눈으로 나를 쳐다보고 있었는데 그들의 눈빛에는 두려움이 가득하였다.

나는 조리천에게 어디서 비둘기들을 가져왔느냐고 물었다.

"취수항이란 곳 아니? 거기에 비둘기 기르는 사람이 있어……." 조리천은 말하였다.

"알죠! 알죠! 호위화 아니에요?" 나는 말하였다. "설마 호위화 비둘기일라고?"

"그래! 바로 호위화. 호위화 비둘기야. 내가 늘 그 집에 구멍탄을 배달하잖아." 조리천은 말하였다.

나는 하마터면 소리 지를 뻔하였다.

취수항에 사는 호위화는 비둘기를 잘 기르기로 소문이 자자해 이미조차도 부러워하였다.

"호위화가 기르는 비둘기야말로 수준급이지. 호위화한테 마두전서구, 까만반점비둘기, 큰코비둘기, 다섯발가락비둘기 다양하게 있어. 어떤 비둘기는 발목에 번호를 매긴 쇠발찌까지 착용했어. 이런 비둘기는 비둘기협회에 등록돼 있고 경기에 참가한 적도 있어. 날려 보내면 먼 바다에서 제집으로 되돌아올 수 있어!" 이미는 말하였다.

우리는 와 하고 소리쳤다. 여기서 수백 리나 떨어진 바다에서 날아오다니 화위화의 비둘기는 정말 대단하였다.

"언제 우리 데리고 호위화네 집에 가서 비둘기 구경하면 안 되겠니?" 우리는 이미에게 졸랐다.

"어림도 없지! 일반인은 갈 수 없어!" 이미는 고개를 저으며 말하였다.

우리는 할 수 없이 비둘기를 구경하러 우리끼리 취수항에 있는 호위화네 집으로 갔다. 하지만 우리는 우상을 대기하듯 그저 호위화네 집 대문 앞에서 숭배하는 마음으로 둘러볼 따름이었다. 호위화네 집 마당의 대문 두 짝은 시종 굳게 닫혀 있었다. 담장 안에서 꾸꾸 하는 비둘기 울음소리가 들렸고 가끔은 비둘기들이 푸드덕 날아올라 하늘을 빙빙 맴돌기도 하였다. 우리는 호위화네 집 마당이 어떤 모습인지 상상해 보았다.

우리 가운데 호위화네 집에 가 본 사람은 이미밖에 없었다. 이미는 자신의 비둘기와 호위화의 비둘기 알을 맞바꿔서 스스로 그 알을 부화시키고 싶었지만 호위화에게 거절당하였다.

"호위화네 집 참 호화롭더라!" 이미는 과한 표정을 지으며 말하였다. 여기서는 집이 부유한 것을 '호화롭다'고 표현하였다. 얼마 전, 남부 지역에 사는 외삼촌이 가게에 줄을 서서 하늘색 데이크론 셔츠를 한 벌 사서 보냈다. 그 옷을 입고 이미네 집에 갔더니 다들 불쾌해하며 너무 사치스럽다고 하였다. 나는 놀라서 급히 집으로 돌아가 그 옷을 벗어 버리고 원래 입던 허들 조끼를 입었다. 모두가 생활이 어려웠기에 나보고 사치를 부린다고 할까 봐 두려웠다. "그거 알아?" 이미는 침을 꿀꺽 삼키고는 말을 이어 갔다. "호위화는 일부러 방 한 칸을 통째로 내서 비둘기를 기르고 있어……."

우리는 놀라서 혀를 내둘렀다. 역시 호위화는 집안 형편이 넉넉하였다. 우리 동네의 대다수는 온 가족이 단칸방에 살았다. 어떤 집은 가족들끼리 벽돌 조각이나 리놀륨으로 지었는데 창문조차 없었다. 또 어떤 집은 집 한가운데 나무 한 그루가 자라고 있었는데 그 나무를 중심으로 집을 지었던 것이다.

이미가 우리에게 말하기를 호위화에게 비둘기가 워낙 많아 그날 눈이 어지러웠다고 하였다. 그 수는 양계장의 닭을 방불케 하였다.

호위화가 귀한 비둘기 한 쌍을 보여 주었는데 소련 홍군 군용 비둘기의 후손이라는……이미는 또 말하였다.

"뻥치고 있네!" 탁구 치기를 좋아하는 공화평이 투덜댔다.

"네가 알긴 뭘 알아!" 이미는 공화평에게 눈을 부라리며 말하였다. "소련 홍군 군용 비둘기라니까. 난 딱 보면 알지. 그렇지 않고서야 어떻게 큰 코에다 파란 눈이겠어? 외국 사람은 다 큰 코에 파란 눈이잖아!"

'큰코비둘기가 있는 건 사실이지만 사람 코는 사람 코고 비둘기 코는 비둘기 코지. 이들이 무슨 상관이 있을까?' 나는 이렇게 생각하였지만 아무 말도 하지 않았다.

"호위화 어머니는 내가 온 걸 보더니 타오쑤 먹으라고 갖다 주고 저녁도 먹고……." 이미는 말하였다.

"또 뻥치네!" 공화평은 또다시 투덜댔다.

이미는 화가 나서 공화평의 엉덩이를 걷어차며 꺼지라고 하였다.

우리는 이미가 허풍을 잘 친다는 것을 알고 있다. 그래서 이미는 비둘기왕이었지만 허풍쟁이었다.

"근데 호위화가 어떻게 아끼던 비둘기를 줬을까요?" 나는 의아해서 조리천에게 물었다.

조리천은 꽃무늬 가방을 치우고서 말하였다. "호위화네 집안은 출신 성분이 좋지 않아 주민 센터에서 도시에서 살지 말고 시골 고향으로 내려가라고 했대. 그래서 더 이상 비둘기를 키울 수 없대……."

나는 그제야 의혹이 풀렸다. 이런 일은 요즘에는 예삿일이었다.

"내가 늘 그 집에 구멍탄을 배달하잖아. 호위화가 비둘기를 거저 준다길래 서둘러 가서 얻어 왔지." 조리천은 나를 향해 눈을 껌뻑이며 말을 이었다. "나 의리 있지······."

조리천은 정말 흠잡을 데 없는 어른이었다.

"호위화는 내가 온 목적을 알고서 늦게 왔다면서 좀 일찍 왔더라면 전서구를 몇 마리 줄 수 있었다고 했어······." 조리천은 계속해서 말하였다.

"이게 소련 홍군 군용 비둘기예요?" 나는 비둘기 코를 보고 내가 받은 것은 이미가 말한 큰 코를 가진 소련 홍군 군용 비둘기가 아니라고 벌써 판단하였다. 이 비둘기들은 코가 앙증맞았기 때문이다. 하지만 나는 여전히 소련 홍군 군용 비둘기의 행방이 궁금하였다.

조리천은 머리를 흔들며 모른다고 하였다. 당시 호위화는 이렇게 말하였다. "비둘기 대부분은 사람들이 가져가서 이 두 마리를 기르는 게 좋겠어요······."

나는 비둘기들의 작고 까만 머리를 보면서 조리천에게 물었다. "그럼, 이 비둘기들은 무슨 품종이에요? 호위화가 알려 줬어요?" 호위화의 비둘기라면 문제없겠지만 그래도 나는 확실히 알고 싶었다.

"내 정신 좀 봐! 호위화가 말하긴 했는데 기억이 안 나. 호위화 표정을 보고 얼른 돌아섰어······." 조리천은 말하였다.

"호위화가 왜요?" 나는 급히 물었다.

"호위화가 비둘기장에서 이 비둘기들을 꺼내면서 눈물까지 흘리더라고." 조리천은 어두운 표정으로 말하였다.

나는 조리천의 말을 믿었다.

"호위화가 손수건 두 장을 가져와 비둘기를 감싸서 내게 건네줬어. 호위화가 비둘기를 기르는 사람한테 전하랬어. 비둘기를 좋아하면 보호해 주고 잘 보살펴 줘야 된대. 잘 전할 테니 호위화보고 안심하라고 했어. 그 사람이 바로 너야. 해자!" 조리천은 내 어깨를 토닥이며 말을 이었다. "비둘기들 꼭 잘 돌봐야 돼!"

'그렇게 할 거야. 꼭 비둘기들을 잘 보살필 거야. 약속할게.' 나는 고개를 끄덕이며 생각하였다.

비둘기들을 내려보니 그들은 고개를 갸웃거리고 눈안을 뱅글뱅글 굴리면서 나를 훑어보았다. 그들은 새 주인에게 무언가를 기대하는 것 같았다.

나는 비둘기를 들고 재빠르게 달렸다.

그가 고정끈으로 손수레를 맨 후 손에 침을 휙휙 뱉고 손잡이를 누르면서 떡 버티고 서자 손수레가 내려갔다. 그는 구명탄을 만재한 손수레를 끌고 천천히 걸어갔다.

멀리까지 달리다가 멈춰서 뒤돌아보니 조리천이 나를 향해 손을 흔들고 있었다. 그가 고정끈으로 손수레를 맨 후 손에 침을 휙휙 뱉고 손잡이를 누르면서 떡 버티고 서자 손수레가 내려갔다. 그는 구멍탄을 만재한 손수레를 끌고 천천히 걸어갔다.

'조리천은 내가 비둘기를 기르고 싶어하는 걸 어떻게 알았을까?' 나는 무언가 불쑥 생각났다.

곰곰이 생각해 보니 이러하였을 것 같다. 조리천은 구멍탄을 배달하러 늘 산수구동네에 왔고 종종 이미네 집을 지나갔다. 그러면서 그는 우리가 이미네 집에 모여 비둘기 구경하는 것을 자주 목격하였기에 우리가 비둘기를 좋아한다는 것을 알았을 것이다. 한번은 조리천이 우리 집에 구멍탄을 실어 와서 부려 놓자 우리 어머니가 여느 때와 같이 조리천보고 들어와서 잠깐 앉아 숨돌리고 물을 마시라고 하였다. 그는 우리 집 물건을 더럽힐까 봐 휴대용 의자를 가져와 문어귀에 앉아 물을 마시면서 어머니와 이야기를 나누었다. 이때 마침 내가 이미네 집에서 비둘기를 구경하고 돌아왔고 또 어머니에게 비둘기를 기르고 싶다고 말하였다. 전부터 이미 수도 없이 어머니에게 말하였다. 세심한 조리천이 이를 기억해 둔 것 같았다.

6
이미가 내 비둘기를 탐냈다

나는 손수건으로 싼 비둘기를 들고 곧장 이미를 찾아갔다. 나는 마음이 급하였다. 이미에게 비둘기를 보여서 품종을 확인하고 싶었다.

이미는 지붕 위에 서서 꼬질꼬질한 붉은 헝겊을 매단 대나무 장대를 휘두르면서 신이 나서 비둘기를 쫓아내고 있었다.

삼미, 사미, 오미는 마당에서 놀고 있었다.

나는 큰 소리로 이미를 불렀다.

"왜? 바쁜 거 안 보여!" 이미는 말하였다.

"이거 봐!" 나는 손수건으로 싼 비둘기를 들어 올려서 이미에게 보여 주었다.

이미는 목을 쭉 빼고 내려다보더니 하찮다는 듯 말하였다.

쿵 하는 소리와 함께 이미가 비명을 지르더니 졸지에 몸 절반이 지붕 아래로 쑥 들어가 버렸다. 알고 보니 이미가 지붕을 세게 밟는 바람에 한쪽 다리가 지붕에 빠지면서 구멍이 난 것이었다.

"납막이 엄청 작고 부리가 기니까 흔한 식용 비둘기야." 그는 계속해서 장대를 휘둘렀다.

"이건 호위화 비둘기야!" 나는 이미를 향해 소리쳤다.

"누구?"

"호위화!"

대나무 장대가 갑자기 이미의 손에서 날아가 버렸다.

무서운 빨간 머리 괴물이 사라지자 비둘기들은 하늘에서 지붕으로 후두두 내려앉았다. 요 게으름뱅이들!

이미는 용마루에서 큰 걸음으로 내리달렸다.

지붕에서 우지직우지직 소리가 났다.

쿵 하는 소리와 함께 이미가 비명을 지르더니 졸지에 몸 절반이 지붕 아래로 쑥 들어가 버렸다. 알고 보니 이미가 지붕을 세게 밟는 바람에 한쪽 다리가 지붕에 빠지면서 구멍이 난 것이었다.

깨진 기와 조각이 여름비처럼 지붕에서 와르르 쏟아져 내렸다.

삼미, 사미, 오미가 처마 밑에서 진흙 놀이[10]를 하고 있었

---

10 진흙을 오줌에 이겨서 노는 놀이.

다. 기와 조각에 머리를 맞은 오미가 머리를 감싸 쥐고 울기 시작하였다.

그러자 삼미가 지붕 위에 있는 이미를 향해 소리쳤다."네가 지붕을 밟아서 망가뜨렸으니까 엄마한테 가서 이를 거야!"

"물어내! 물어내!" 사미가 흙으로 사발을 만들어 놓았는데 삼미에게 밟혀 납작해졌다. 사미는 삼미를 잡아당기며 배상하라고 하였지만 삼미는 상관하지 않고 되레 사미를 확 밀어 넘어뜨렸다.

엉엉엉……사미도 통곡하였다.

이미 어머니가 집 안에서 뛰쳐나왔다. 앞치마를 두르고 소매를 걷어붙인 그녀는 노란 밀가루가 잔뜩 묻은 손에 신발 한 짝을 쥐고 있었다. 한눈에 보아도 이미의 구린내 나는 운동화였다.

이미 어머니는 땅바닥에 있는 사미를 잡아당기고는 오미의 머리를 쓰다듬어 주었다. 그녀는 지붕 위에 있는 이미를 향해 욕설을 퍼부었다. "빌어먹을 자식! 오미가 머리를 다쳤잖아! 네가 지붕을 밟아 가지고 내려앉았어! 신발도 밀가루 대야에 떨어져 오늘 옥수수떡을 먹을 수 없잖아! 아빠 돌아오면 언어터질 줄 알아……."

"죽도록 패야 돼! 이미는 죽도록 패야 돼! 쓰러뜨려야 돼! 이미처럼 못된 놈은 쓰러뜨려야돼……." 삼미와 다른 형제들도 덩달아 이미를 욕하였다.

여전히 화가 풀리지 않은 이미 어머니는 잠깐 생각하더니 구린내 나는 운동화를 지붕 위의 이미를 향해 던졌다.

이미 어머니는 아주 정확하게 이미를 맞혔다. 이미는 날아오는 운동화를 피하지 못해 구린내 나는 운동화에 머리를 정통으로 맞았다.

이 상황을 지켜보던 오미와 사미는 울음을 그치고 웃음을 터뜨렸다.

삼미는 기왓장과 흙덩이를 주워 지붕 위에 있는 이미를 향해 내던졌다.

이미는 날아오는 흙덩이에 맞아서 머리를 감싸 쥐고 아야 아야 소리를 질렀다.

사미와 오미도 무언가를 주워서 이미에게 내던졌다. 힘이 약한 오미는 흙덩이를 지붕으로 던지지 못하고 전부 창문 유리에 던져서 팡팡 소리가 났다.

이미 어머니는 유리가 깨질까 봐 급히 아이들을 제지하였다.

이미는 틈을 타 지붕에 뚫린 구멍에서 다리를 힘껏 빼냈다.

이미는 한쪽 발이 맨발인 채로 지붕에서 내려와 말없이 내 손에서 손수건으로 감싼 비둘기를 빼앗아 갔다.

그는 비둘기를 감싼 손수건을 풀었다.

나는 그제야 이 비둘기가 온몸이 검은 것이 아니라 가슴 위쪽과 꼬리만 검고 다른 부위는 새하얗다는 것을 발견하였다.

나는 아직 이런 비둘기를 본 적이 없었다.

이미는 한 손으로 비둘기를 잡은 후 다른 손으로 비둘기의 부리를 잡아당겨 보기도 하고 목을 조여 보기도 하고 모이주머니를 눌러 보기도 하고 날개를 당겨 펴서 길이를 보기도 하고 다리를 당겨 발가락을 세어 보기도 하였으며 마지막에는 중요 부위까지 만져 보았다.

나는 이미가 꼭 장터의 가축 장수 같았다. 가축 장수들은 말, 소, 당나귀를 매매할 때 이런 식으로 가축들을 못살게 굴었다.

이미는 다른 비둘기에게도 똑같은 행동을 반복하였다.

이미는 드디어 검사를 끝내고 나에게 비둘기를 건네주었다. 나는 긴장돼서 이미에게 물었다.

"알겠어? 무슨 품종이야?"

"두미흑비둘기!" 이미는 말하였다.

나는 와 하고 외쳤다.

말로만 듣던 두미흑비둘기라니!

이미는 늘 우리에게 자신의 비둘기 지식을 자랑하였다. 그래서 이름난 일부 비둘기 품종 이를테면 반점비둘기, 봉두비둘기, 마두전서구, 벨기에 경기용 비둘기, 사백비둘기, 두미흑비둘기 따위에 대해 잘 알고 있었다. 물론 큰 코에 파란 눈을 가진 소련 군용 비둘기도…….

대박! 내 비둘기가 그 소문난 두미흑비둘기라니!

내가 이 까만 머리 녀석들에게서 눈을 떼지 않자 그들도 눈을 말똥거리며 나를 빤히 쳐다보았다. 그들의 눈을 보니 화환으로 장식한 보석 같았다. 이때 내 심정은 정말 무어라 형용할 수 없었다.

'두미흑비둘기 내 두미흑비둘기, 꼭 너희들을 잘 기를게. 제대로 키울 거야…….' 나는 다짐하였다.

"놀랐지!" 이미는 나를 툭툭 쳤다.

"히히!"

"해자, 상의할 게 있어……."

"무슨 일인데?"

"이 두미흑비둘기 일단 나한테 줘……."

"뭐?"

"내가 대신 얼마간 키워 줄게……."

"왜?"

"넌 비둘기 기르는 데 경험이 없잖아. 새 비둘기는 기르기 쉽지 않거든. 일단 내가 대신 한동안 키우는 게 좋겠어. 녀석들이 알을 낳으면……." 이미는 설명하였다.

나는 이맛살이 찌푸려졌다.

"알은 나한테 두고……." 이미는 말하였다.

나는 이미의 속내를 알아챘다.

"물론 공짜로 달라는 건 아니야. 비둘기 한 쌍 거저 줄게……."

나는 잠자코 있었다.

"두 쌍도 줄 수 있어. 네 마음대로 골라……."

"싫어!" 나는 단호하게 말하고 돌아서 갔다.

'그건 안 되지! 절대 안 되지! 내 비둘기 내 두미흑비둘기인

데! 난 잘 키울 수 있어! 두고 봐!'

    나는 등이 화끈화끈 달아오르는 것 같았다. 이미의 따가운 시선을 느꼈기 때문이다.

7
왕목근이 비둘기장을 만들어 주었다

나는 왕목근을 찾아가서 비둘기장을 만들어 달라고 부탁하였다.

왕목근은 약간 모자란 사람이다. 그는 홍수가 질 때마다 늘 물속에서 나무를 건져 내곤 하였다.

왕목근은 목수 일을 좋아하였다. 그는 나무를 구하지 못하였지만 목수 일을 하고 싶어서 사람만 보면 물었다. "짜고 싶은 게 있어요?" 산수구동네에서는 누구도 목재를 구할 수 없었다. 누가 목재 자투리라도 조금 구해서 그에게 걸상, 찬장, 작은 밥상 따위를 만들어 달라고 부탁하면 그는 기쁜 나머지 한잔한 것처럼 얼굴에 홍조를 띤 채 노래를 흥얼거리며 뚝딱뚝딱 퉁탕퉁탕 목수 일을 하였다.

왕목근은 다른 사람이 자신의 목수 일을 구경하는 것도 좋아하였다.

왕목근은 작업하면서 나에게 자신의 목공 공구를 자세히 설명해 주었다. 나는 목공 공구에 톱과 도끼 외에 장부끌, 평끌, 대패 따위가 있다는 것을 알게 되었다. 장부끌은 나무에 장붓구멍을 내는 공구이고 평끌은 구멍을 낸 곳을 평평하게 깎는 공구이다. 대패는 여러 부분으로 구성되었는데 대패 아랫면은 물을 묻힌 비누처럼 매끄러워 촉감이 아주 좋았다. 그는 대패를 뒤집은 후 한쪽 눈을 가늘게 뜨고 망치로 대팻날과 덧날의 아랫부분을 탕탕 쳐서 대팻날의 높이를 조절하였다.

왕목근은 또 나에게 나무 그루터기가 무엇인지 알려 주었고 대패질할 때 그루터기의 나뭇결을 따라 밀어야지 그렇지 않으면 고르지 않다고 알려 주었다.

왕목근은 또 나에게 줄그무개와 곱자의 사용법도 설명해 주었다.

나는 목수용 연필이 납작하다는 것을 알게 되었다. 납작 연필을 보니 이평의 납작 머리가 생각났다.

"해자!" 왕목근은 내가 온 것을 보고 친절하게 불렀다. "어서 들어와! 어서 들어와!"

나는 왕목근네 집에 들어갔다. 그의 집은 돼지우리처럼 지저분해서 딱 보아도 외톨이가 사는 집이었다. 그는 철사 하나에 모든 옷과 생활용품을 매달아 놓았다. 밥솥마저 철사에 매달아 놓아 자칫하다가는 머리를 부딪칠 수 있었다. 그리고 바닥은 온통 나뭇조각과 목공 공구이어서 잘못하면 걸려 넘어질 수 있었다.

나는 조심스럽게 집 안으로 들어가면서 그에게 말하였다.

"뭘 만들어 줄 수……."

내 말이 채 끝나기도 전에 왕목근은 만들 수 있다며 무엇이든 괜찮으니 무엇을 만들겠느냐고 물었다.

나는 비둘기장을 만들어 주면 좋겠다고 하였다.

"그건 간단해. 만들어 줄게." 왕목근은 웃으며 말하였다.

나는 왕목근에게 원하는 비둘기장의 모양을 약간 설명하였다.

왕목근은 낡은 종잇장을 가져와 납작 연필로 종이에 무언가를 그렸다.

왕목근은 다 그리고 나서 나에게 보여 주었다.

그의 집은 돼지우리처럼 지저분해서 딱 보아도 외톨이가 사는 집이었다.

보니 생각하였던 것보다 좋았다. 내가 생각한 것은 직사각형 박스였는데 왕목근이 그린 것은 뾰족집 같은 비둘기장이었다.

"만드는 게 복잡하지 않아요?" 나는 왕목근에게 물었다.

"간단해!" 왕목근은 말하였다.

왕목근은 허리를 굽혀 침대 밑을 뒤지더니 무언가를 꺼냈다. 침대 밑에 각종 목재가 그득 쌓여 있었는데 죄다 홍수가 났을 때 건진 목재인 것 같았다. 그는 그중에서 필요한 것을 골라 비둘기장을 만들기 시작하였다.

나는 왕목근의 침대에 앉아서 그가 일하는 모습을 지켜보았다.

왕목근은 뚝딱뚝딱 퉁탕퉁탕 하면서 비둘기장을 만들었다. 곱슬곱슬한 대팻밥이 날리기 시작하였고 톱밥도 여기저기 흩날렸다.

방 한구석에 왕목근의 결혼용 세숫대야 받침대가 있었기에 나는 그에게 옷장은 어느 정도 짰느냐고 물었다.

그러자 왕목근의 눈에서 열정의 불꽃이 번쩍이었다. 그는 일손을 놓더니 말하였다.

"큰 옷장?" 왕목근은 나더러 비키라면서 돗자리 밑에서 종이 한 장을 꺼내서 펼쳤다.

쪼글쪼글하고 지저분한 종이에다 도면을 그려 놓았는데 실선도 있고 점선도 있었다.

나는 이것이 옷장의 도면이라는 것을 알았다. 옷장의 정면, 측면, 빗면을 그려 놓았고 점선을 통해 옷장의 내부 구조를 알 수 있었다.

왕목근은 도면을 가리키며 이것은 무엇이고 저것은 무엇이고 짧은 사선은 거울이고 하면서 나에게 설명해 주었다. 설계 도면은 정말 복잡하였다.

"이렇게 짤 수 있나요?" 나는 엉겁결에 말하였다.

"그게 무슨 소리니!" 왕목근은 삽시에 눈을 화등잔처럼 크게 떴다.

왕목근은 내가 약간 겁먹은 것을 의식한 듯 이내 무서운 눈빛을 감추었다. 마치 달팽이가 제집으로 쏙 들어가듯 말이다. 그는 말투를 바꿔 나에게 말하였다.

"해자, 뭘 만드는 게 제일 어려운지 아니?"

'보나 마나 큰 옷장이지. 설계도도 그리 복잡한데.' 나는 이렇게 생각하며 말하였다. "큰 옷장이죠?"

"아니야!" 왕목근은 고개를 저었다.

"그럼 뭔데요?" 나는 조금 궁금하였다.

왕목근은 세숫대야 받침대 옆에 있는 쪽걸상을 집어 들었다.

나는 쪽걸상을 보고 또 왕목근을 보았다.

"사실, 이걸 만드는 게 제일 어려워!" 왕목근은 말하였다. 내가 의혹을 품고 있는 것을 눈치챈 그는 쪽걸상의 네 다리를 가리키며 나에게 설명해 주었다. "비스듬하지?" 쪽걸상의 네 다리가 일정한 각도로 바깥으로 기울어져 있었기에 나는 고개를 끄덕이었다. "비스듬하지? 그치? 장붓구멍을 내서 장붓촉을 그 구멍에 끼워 넣는 것으로 목수의 손기술을 평가해. 예전에 제자가 스승한테 손기술을 배울 때 마지막에 나무 걸상을 만들어 내면 도제살이가 끝난 거거든."

나무 걸상 만드는 데도 엄청난 노하우가 숨겨져 있었다.

"그러니까 큰 옷장 짜는 것쯤은 원래부터 별거 아니야." 왕목근은 의기양양해서 말하였다.

왕목근은 뚝딱뚝딱 하면서 일을 계속하였다.

"그럼, 언제쯤 큰 옷장을 다 짤 수 있어요?" 나는 왕목근에게 물었다.

"다른 재료는 거의 준비됐어." 왕목근은 침대 밑을 가리키며 말하였다. "옷장 문에 다는 전신 거울을 만들어 주는 가게도 찾아 놨어. 가게에 거울 크기도 알려 줬고……."

"근데 왜 안 만들어요?"

"아직 재료가 좀 부족해."

"무슨 재료요?"

"큰 옷장 짤 때 어떤 부분이 힘든지 아니?" 왕목근은 일어서서 손짓하며 말하였다.

"그걸 제가 어떻게 알겠어요!"

"큰 옷장을 짤 때 긴 나무 네 개로 틀을 만들거든." 왕목근은 손을 머리 위로 올리고 발돋움까지 하며 말을 이었다. "이 정도여야 돼!"

"꽤 기네요!"

"길기만 해도 안 되고 재질도 좋아야 해." 왕목근은 침대 밑에서 긴 나무 하나를 끌어내고서 말하였다. "이런 건 안 돼." 그가 나무를 밟은 후 힘껏 꺾자 뚝 하는 소리와 함께 두 동강 났다. "불쏘시개로 쓸 수밖에 없어……."

왕목근은 물속에서 목재소에서 땔나무로 팔려던 자투리를 적잖게 건졌다.

"그럼, 어떤 나무가 필요해요?" 나는 물었다.

"들메나무가 제일이지. 아니면 참나무나 가래나무도 되고." 왕목근은 또 쪽걸상을 집어 들고 말하였다. "이게 바로 참나무로 만든 거야. 얼마나 단단하다고! 큰 옷장 짜려고 우리 어머니가 오랫동안 썼던 도마까지 잘랐어. 결혼용이라고 말하지 않았으면 어머니가 아까워서 허락하지 않았을 거야."

나는 잘려 버린 단단한 도마를 들고 이러저리 보면서 참으로 구하기 힘든 재료라고 생각하였다.

"최소한 동북 지역 잣나무여야 돼. 이깔나무는 안 돼. 쉽게 갈라져서 가구 만들기 힘들거든. 근데 좋은 목재 구하기 엄청 힘들어!" 왕목근은 한숨을 쉬고는 고개를 저었다. "비만 오면 밖으로 나가 기다릴 거야. 위쪽에서 대들보가 떠내려오면 얼마나 좋을까!"

나는 눈을 커다랗게 뜨고 왕목근을 쳐다보았다.

"대들보는 대부분 느릅나무로 만들거든. 느릅나무는 가구 짜는 데 좋은 목재라서 큰 옷장 틀로는 더할 나위 없지!" 왕목근은 말하였다.

나는 느릅나무를 알고 있다. 채소 시장의 정육점 앞에 해묵은 느릅나무 한 그루가 있었는데 예전에 늘 누군가 느릅나무에 붉은 천을 매달아 놓곤 하였다. 사람들은 해묵은 느릅나무가 나무의 정령이기에 병에 걸리지 않도록 지켜 주거나 병에 걸리더라도 빨리 낫도록 지켜 줄 수 있다고 하였다. 하지만 지금은 누구도 붉은 천을 함부로 매달지 않는다. 봄이면 해묵은 느릅나무에 동그란 열매가 맺히는데 우리는 느릅나무 밑에서 떨어진 열매를 주웠다. 이따금 적게 주워서 만족스럽지 않으면 나무에 기어올라 훑기도 하였다. 집안 어른들은 우리가 주워 온 느릅나무 열매를 깨끗이 씻은 다음 소금으로 버무리고 간장과 식초를 넣어서 반찬을 만들었는데 그 맛은 일품이었다. 느릅나무 열매는 고구마 가루와 함께 쪄 먹을 수도 있는데 꿀맛이었다.

"……근데 삼 년 연속 큰비가 내리지 않았잖아. 올여름도 다 저물어 가는데 올해에 큰비가 내릴 거 같니?……"

왕목근의 눈빛에 약간의 서글픔이 어려 있었다.

나는 고개를 저었다.

나는 설사 다시 큰비가 내리더라도 위쪽에서 대들보가 떠내려오는 것은 거의 불가능하다고 생각하였다.

왕목근은 내 마음을 읽었는지 단호하게 말하였다.

"혹시 모르지. 마침 위쪽에서 집 한 채가 무너지기라도 하면? 그 후 큰비가 한바탕 내려……."

왕목근은 오리목으로 비둘기장의 뼈대를 만든 후 크기와 모양이 제각각인 세 겹 합판과 베니어판을 뼈대에 부착하였다. 크기와 모양이 적합하지 않으면 자로 재고 납작 연필로 줄을 그은 다음 톱질하였다.

왕목근은 낡은 깡통에서 못을 찾아내 못끝을 입에 대고 침을 묻히더니 망치를 들고 탕탕 두드렸다.

왕목근은 신바람 나게 일하였다. 더는 나와 말하지 않았다. 대보고 긋고 마르고 잇고 붙이는 왕목근의 모습은 마치 재봉소의 노련한 재봉사가 재봉일을 하는 것 같았다. 단지 안경을 쓴 연륜이 느껴지는 재봉사처럼 안경을 착용하지 않았을 뿐이었다.

왕목근은 마침내 비둘기장을 완성하였다.

왕목근은 한 발짝 뒤로 물러서서 고개를 갸우뚱하고 자신의 작품을 들여다보았다.

내가 볼 때 왕목근이 만든 비둘기장은 나무랄 데 없었다. 비둘기장은 애초 내가 생각하였던 것보다 훨씬 잘 만들었다. 이미네 집의 침대 밑에 있는 비둘기장과 비교하면 이 비둘기장은 그야말로 궁전이었다. 왕목근은 비둘기장의 작은 문조차도 실톱으로 반원형을 만들어 놓았다. 꼭 그림책에 나오는 옛 성벽의 성문 같았다.

"어때?" 왕목근은 나에게 물었다.

"최고예요!" 나는 감격해서 뛰어오를 뻔하였다.

나는 비둘기장을 가져가려고 손을 뻗었다. 내 비둘기들을 당장 이 고급스럽고 화려한 대궐에서 살게 하고 싶었다.

그런데 왕목근이 내 손을 잡으며 저지하였다.

왕목근은 작은 문의 위쪽을 가리키며 아직 무언가 부족하다고 하였다.

왕목근은 나무토막 하나를 가져와 실톱으로 오각별을 하나 만들었다.

평끌로 오각별의 모서리를 깎았다.

그리고 나서 오각별에 사포질하여 매끈하게 만들었다.

또 빨간 페인트를 찾아낸 뒤 붓에 페인트를 묻혀 오각별을 붉게 착색하였다.

왕목근은 아교 만들 재료를 담은 깡통을 들고 이웃집에 가서 아교를 만들었다.

왕목근은 솔에 아교를 묻혀 오각별에 칠하다가 불쑥 나에게 물었다.

"'오리'의 손톱이 어떻게 그 모양 됐는지 아니?"

나는 모른다면서 그에게 아느냐고 물었다.

"하하! 알고말고!"

왕목근은 '오리'와 약속하였기에 이전에는 말할 수 없었지만 아교를 만들다 보니 또 '오리'의 손톱이 생각났다고 하였다. 지금은 우리가 살구씨 놀이를 하지 않기에 말할 수 있다고 하였다. "요즘 살구씨 놀이 안 하지?" 그가 물어서 나는 그런 거니까 빨리 말하라고 하였다.

그러자 왕목근은 말하였다. "'오리'가 엉뚱한 면이 있어. 걔가 손톱을 길러 살구씨 놀이 할 때 신식 무기로 사용하려 했는데 문제점을 발견했어. 손톱을 기른 다음 뾰족하게 다듬으면 유연하기로 종잇장 같아 다루기 영 힘들 뿐더러 엄청 쉽게 갈라지는 거야. 제일 중요한 건 손톱을 바깥쪽으로 휘게 할 수 없었어."

'오리'는 별수가 없어서 주변 사람을 통해 해결사를 수소문하였다.

하지만 누구도 이런 대단한 능력이 없었기에 그를 도와줄 수 없었다.

어느 날, 왕목근을 만난 '오리'는 무슨 방법이 있느냐고 또 물었다.

왕목근은 '오리'의 손가락을 누르고 이러저리 살피면서 한참 연구하더니 해결하기 아주 쉽다고 하였다.

"손톱도 구부릴 수 있나요?" '오리'는 물었다.

"구부릴 수 있고말고. 목수라면 다 구부릴 수 있지." 왕목근은 대답하였다.

왕목근은 '오리'에게 설명해 주었다. 의자 등받이를 만들려면 나무를 구부려야 되는데 목수는 나무를 난로 위에 올려놓고 불에 쬐어 부드러워졌을 때 신속히 무릎으로 힘껏 꺾는다…….

'오리'는 놀라서 얼른 손을 움츠리고 말하였다. "그럼, 안 해요. 됐어요!"

"네 손톱은 구울 필요가 없고 다른 방법이 있어." 왕목근은 웃으며 '오리'를 위로하였다.

왕목근은 '오리'를 집으로 데려가서 먼저 '오리'보고 더운물에 손을 담그라고 하였다.

담근 손톱이 부드러워지면 일정한 각도로 구부릴 수 있었다.

그다음 왕목근은 손톱에 아교를 두껍게 발라 주었다.

아교가 마른 후 왕목근은 '오리'보고 한 번 튕겨 보라고 하였다.

'오리'는 휘어진 손톱으로 튕겨 보더니 기뻐서 계속 깡충깡충 뛰었다.

왕목근은 또 '오리'의 손톱에 은가루를 발라 주고 싶었다고 하였다. "은가루를 바르면 정말로 스테인리스 같아 보여. 근데 '오리'가 친구들이 놀린다며 한사코 거부했어. 할 수 없이 손톱에 사포질해서 매끄럽게 만든 다음 바니시를 발라 줬어. 아무래도 은가루를 바르지 않았으니 차이가 있지······." 그는 못내 아쉬워하는 표정이었다.

알고 보니 '오리'의 마법의 비밀 무기는 이렇게 만들어졌던 것이었다. 누가 이것을 생각이나 하였겠는가?

왕목근은 오각별을 비둘기장에 부착해 놓았다.

나는 이 비둘기장이 참으로 마음에 쏙 들었다.

하지만 왕목근은 고개를 잘래잘래 저었다.

왕목근은 붓을 집어 들고 빨간 페인트를 묻혀 오각별 주위에 여러 갈래로 굵게 칠해 놓았다.

이것을 보니 도심 광장의 본부석 뒤편 벽에 부착한 커다란 포스터가 떠올랐다. 거기서는 대회가 자주 열렸고 요란한 징소리와 북소리로 아주 시끌벅적하였다.

와! 내 비둘기장 참 예쁘구나!

왕목근이 비둘기장을 두드리자 쿵쿵 소리가 났다. 마치 누가 북을 둥둥 치는 것만 같았다.

나는 비둘기장을 들고 달렸다.

"얘!" 왕목근은 또 나를 불렀다. 나는 무슨 일이 생긴 줄 알고 얼른 뒤돌아보았다. "꼭 비가 올 필요는 없어." 그는 말하였다.

나는 일시적으로 그의 말을 이해하지 못하였다.

"내 말은 비가 내리지 않아도 난 여전히 옷장 다리 짜는

데 쓸 나무 네 개를 구할 수 있다고. 다만 아직은 때가 아니라서……." 왕목근은 말하였다.
 이처럼 왕목근은 정상이 아닐 때가 있었다.

8
하얀이와 까망이

나는 비둘기들에게 이름을 지어 주었는데 한 마리는 하얀이라 부르고 다른 한 마리는 까망이라 불렀다.

하얀이는 수컷이고 까망이는 암컷이었다.

나는 원래 비둘기의 암수를 구별할 줄 몰랐는데 이미가 알려 주었다. 그날 이미는 하얀이와 까망이의 중요 부위를 만져 보았다. 그는 그렇게 암수를 구별하였을 것이다.

하얀이 눈가의 무늬는 까망이보다 좀 더 복잡하고 눈동자 색깔도 까망이보다 짙었다. 다른 사람은 알아보지 못하지만 나는 알아보기에 그들을 분간할 수 있었다.

하얀이와 까망이는 몸집이 크지만 실은 아직 새끼였다. 이미가 새끼 비둘기를 그냥 '새끼'라 불렀기에 우리도 그렇게 불렀다. 하얀이와 까망이의 깃털에는 아직도 꼬불꼬불한 노란 솜털이 붙어 있었다. 그리고 그들의 울음소리도 이미의 비둘기와 달랐다. 이미의 비둘기는 구구구 하는 울음소리를 낼 수 있었다. 수비둘기는 암비둘기를 보면 목의 깃털을 곤두세우고 날개를 펴고 꽁지를 부채처럼 좍 펼친 채 땅에 끌고 구구구 울면서 암컷 주위를 맴돌았다. 암컷이 거들떠보지도 않고 먹이를 찾으러 떠나면 수컷은 언짢아서 날개를 접었다. 하지만 암컷이 몸을 움츠려 땅에 엎드리면 수컷은 암컷 등에 뛰어올라……. 이때 우리 가운데 누가 인기척을 내면 이미는 화나서 엉덩이를 차면서 비둘기들을 방해하지 못하게 하였다. 하얀이와 까망이는 아직은 구구구 하면서 울지 못하고 여전히 아아아 하는 새끼 비둘기 울음소리밖에 낼 수 없었다.

까망이와 하얀이는 아직 날지 못하였다. 조리천이 나에게 말하기를 호위화는 생각이 정말 깊다고 하였다. 호위화가 조리천에게 비둘기를 건네주면서 일부러 이 비둘기 두 마리를 골랐다고 하였다. 비둘기가 너무 어리면 둥지를 떠날 수 없고 더 크면 날 수 있어서 길들이기 어렵기에 이 정도의 비둘기가 키우기 안성맞춤이었다.

　하얀이와 까망이는 낯을 가리지 않았다. 내가 소쿠리에서 식은 옥수수떡을 꺼낸 뒤 잘게 쪼개 바닥에 던져 주었더니 그들은 아아아 울면서 날개를 파닥이며 달려왔다. 그들은 여기서 한입 저기서 한입 하면서 눈 깜짝할 새 옥수수떡을 다 먹어 치웠다.

　하얀이와 까망이는 또 아아아 울더니 내 다리를 떠받으면서 먹이를 달라고 하였다.

　하얀이와 까망이의 활기찬 모습을 보고 또 나를 잘 따르니 기분이 너무 좋았다.

　나는 왕목근이 만들어 준 비둘기장을 우리 집의 석탄 저장실 위에다 올려놓았다.

　우리 아버지는 집 앞 한쪽에 벽돌 조각으로 석탄 저장실을 지었다. 우리 동네의 대부분 가구는 석탄 저장실을 지어 알탄이나 구멍탄을 보관하였는데 나는 석탄 저장실에서 닭을 기른 적도 있다. 지난번에 이평은 이미네 집 알탄을 훔쳐 와서 제 집 석탄 저장실에 숨겨 놓았다. 이미네 집만 석탄 저장실을 따로 짓지 않았고 알탄을 죄다 침대 밑에 넣었다. 조리천은 구멍탄을 실어 와서 우리 집의 석탄 저장실에 옮겨 놓았다. 우리 아버지는 오리목과 펠트로 덮개를 만들어 석탄 저장실을 덮어 놓았다. 이렇게 하면 비나 눈이 와도 구멍탄이 젖지 않았다.

나는 비둘기장을 석탄 저장실 덮개 위에 올려놓았다. 덮개를 사이 두고 있기에 하얀이와 까망이는 어떤 경우에도 구멍탄으로 인해 이미의 비둘기처럼 새까매질 수 없었다.

나는 먼저 하얀이와 까망이가 제집을 알 수 있도록 훈련시켰다.

나는 하얀이와 까망이를 비둘기장에 집어넣었다.

나는 성문 모양으로 만든 작은 문으로 하얀이와 까망이를 들여다보았다.

하얀이와 까망이는 다소 겁먹어 서로 부딪치면서 아아아 울어 댔다.

'두려워하지 마. 여긴 이제부터 너희 집이야. 너희 집 얼마나 좋니! 이미의 침대 밑보다 훨씬 나아. 이미의 비둘기들은 굴에서 숨어 사는 쥐나 다름없어. 흰 비둘기가 까마귀처럼 새까매…….' 나는 속으로 하얀이와 까망이에게 말하였다.

하얀이와 까망이는 내 마음을 읽었는지 차츰 조용해지더니 비둘기장 안에서 얌전히 엎드린 채 꼼짝하지 않았다.

나는 또 먹이로 그들을 밖으로 유인하였다.

나는 손에 옥수수떡 부스러기를 조금 들고 쭈쭈쭈 하며 불렀다. 이런 소리는 이미에게서 배웠다. 이미는 입을 배죽 내밀고 쭈쭈쭈 하며 비둘기를 불렀다. 나도 이미를 모방해 쭈쭈쭈 하며 불렀지만 조금 어려웠다. 어떻게 소리를 내야 할지 몰랐다. 그 며칠간 내가 집에서 자꾸 이상한 소리를 냈더니 우리 어머니는 내가 제정신이 아니라며 시끄러워 죽겠다며 나에게 호통쳤다.

내가 쭈쭈쭈 부르자 하얀이와 까망이는 비둘기장의 작은 문으로 작고 까만 머리부터 내밀었다.

나를 발견한 하얀이와 까망이는 내가 손을 높이 치켜들자 무엇을 하려는지 금세 알아차리고 아아아 울면서 앞다투어 작은 문을 빠져나왔다. 그들은 날개를 펴고 석탄 저장실 아래로 뛰어내린 뒤 내 바짓가랑이를 떠받았다.

내가 손에 있던 옥수수떡을 던져 주자 하얀이와 까망이는 아아아 울고는 즐겁게 먹었다.

나는 그들을 비둘기장에 집어넣은 다음 다시 비둘기장 밖으로 불러냈다.

얼마 지나지 않아 하얀이와 까망이는 비둘기장이 제집이라는 것을 알게 되었다. 배불리 먹거나 실컷 놀고는 스스로 비둘기장에 들어갔다. 내가 쭈쭈쭈 부르기만 하면 그들은 바로 작은 문으로 빠져나왔다.

밤만 되면 나는 비둘기장을 집 안에 들여놓았다.

하얀이와 까망이는 내 침대 앞에서 조용히 잤다.

매일 아침, 나는 가능한 한 일찍 일어나 비둘기장을 밖으로 내놓았다.

문제점을 발견하였기 때문이다.

전날 아침, 나는 깨어나서 침대에 묻혀 손으로 턱을 괴고 비둘기장을 구경하였다.

왕목근에 의해 줄줄이 빨갛게 칠해진 비둘기장은 찬란한 빛을 발하였다. 마치 햇빛에 반짝거리는 호수의 수면 같았다.

얼마 안 돼 하얀이와 까망이는 눈부신 빛을 뚫고 비둘기장 밖으로 모습을 드러냈다.

하얀이와 까망이는 작고 까만 머리를 내밀고 주위를 두리번거렸다.

나는 하얀이와 까망이에게 손을 흔들었다.

하얀이와 까망이는 차례로 작은 문을 비집고 나왔다.

하얀이와 까망이가 비둘기장을 나와서 제일 먼저 한 일이 무엇인지 아세요?

하얀이와 까망이는 나를 향해 엉덩이를 치켜들더니 내가 반응하기도 전에 저마다 똥을 찍찍 갈겼다.

공교롭게도 우리 어머니가 이 광경을 목격하였다.

나보다 앞서 어머니가 비명을 질렀다.

나는 재빨리 침대에서 뛰어내렸다.

나는 잽싸게 문어귀의 탄재를 쓸어 담아서 비둘기 똥을 덮은 뒤 다시 빗자루와 쓰레받기로 이것을 쓸어 담았다.

나는 비둘기 똥을 치우면서 어머니를 곁눈질하였다.

"더러워 죽겠어. 더러워 죽겠어. 어떻게 집 안에서 똥을 쌀 수 있니?" 어머니는 툴툴거렸다. 어머니는 워낙 깔끔해서 비둘기가 집 안에서 똥을 싸는 것이 눈꼴사나울 수밖에 없었다.

비둘기들이 다시는 집 안에서 똥을 싸지 못하도록 다음날 꼭 일찍 일어나 비둘기장을 밖으로 가지고 나간다고 나는 어머니와 약속하였다.

나는 하얀이와 까망이에게 손을 흔들었다.
하얀이와 까망이는 차례로 작은 문을 비집고 나왔다.

하지만 아침 일찍 일어나는 것이 자꾸 신경 쓰여 빨리 잠들지 못하다 보니 다음날 아침 늦잠을 자고 말았다. 나는 이불 속에서 한창 하얀이와 까망이 꿈을 꾸고 있었다. 꿈속에서 그들은 각자 타구에 앉아 똥을 싸고 있었고 어머니는 한쪽에 서서 타구의 오물을 쏟으려고 대기하고 있었다. 별안간 내 이불이 누군가에 의해 젖혀지는 것 같았다. 눈을 떠 보니 어머니가 침대 옆에 서서 나를 향해 고래고래 소리 지르고 있었다. 타구의 오물을 쏟아 버리듯 나를 밖으로 던질 것만 같았다. 눈을 비비며 어머니가 가리키는 곳을 보니 하얀이와 까망이가 또 똥을 싸 놓았다. 한 녀석은 비둘기장 앞에서 뿌연 똥을 한 무더기 갈겼을 뿐만 아니라 나를 향해 아아아 울기까지 하였다. 볼일을 다 보았으니 밥을 먹어야 된다고 말하는 것 같았고 자기들이 내가 기르는 비둘기라는 것을 어머니가 모를까 봐 알려 주는 것 같았다.

나는 침대에서 후딱 뛰어내려 비둘기 똥을 치웠다.

어머니는 비둘기가 또 집 안에서 똥을 싸는 날에는 더는 비둘기를 기르지 못한다며 화가 단단히 나서 나를 향해 고함질렀다.

그 후, 나는 더는 늦잠을 잘 수 없었고 매일 아침 일찍 일어나 비둘기들이 나와서 똥을 싸기 전에 비둘기장을 집 밖으로 내놓았다.

아침에 너무 졸릴 때면 나는 늘 생각하였다. '하얀이와 까망이가 정말 타구에 앉아 똥을 쌀 줄 안다면 얼마나 좋을까?'

9
비둘기 호루라기

나는 귀여운 녀석들을 공들여 키웠다. 사실, 나는 이미 경험을 많이 쌓았다. 맨날 이미네 집에 가서 이미가 비둘기 기르는 것을 보았기 때문이다.

나는 비둘기장 안에 건초를 두툼하게 깔아 주었다. 이렇게 하면 하얀이와 까망이가 비둘기장에서 아주 편히 지낼 수 있기 때문이다.

나는 제때에 하얀이와 까망이에게 먹이와 물을 주었다.

하얀이와 까망이가 땅에 있는 자갈을 쪼아 먹어도 나는 제지하지 않았다.

나는 이미가 하는 것처럼 비둘기의 모이주머니를 만져 보고 불룩한 정도에 따라 그들이 배불리 먹었는지 판단하였다.

나는 이미가 비둘기를 어떻게 길렀는지 가만히 생각해 보았다. 아! 생각났다! 이미는 자주 비둘기들을 목욕시켰다. 그가 물 한 대야를 들고 오면 비둘기들은 대야에 뛰어들어 날개를 파닥이며 목욕하였다. 목욕하고 나면 대야 물은 까맣게 변하였지만 비둘기는 하얘지지 않았다.

나는 깨끗한 물 한 대야를 담은 세숫대야를 들고 와서 공터에 놓았다.

하얀이와 까망이는 서서히 세숫대야로 다가와서 그 주위를 맴돌았다.

하얀이는 대야 주위를 잠깐 돌더니 아무런 위험이 없다고 판단하였는지 대야 변죽으로 뛰어올랐다. 하얀이는 목을 길게 빼고 주위를 둘러보더니 고개를 숙여 물을 몇 모금 마셨다. 하얀이는 대야 밖에서 자신을 쳐다보고 있는 까망이를 향해 고개를 까딱하고는 냉큼 대야에 뛰어들었다.

하얀이는 온몸의 깃털을 세우고 물속에서 몸을 세게 흔들었다. 이것은 대개 사람들이 목욕탕에 가서 때밀이하는 것과 비슷하였다. 그 힘이 어찌나 센지 물 절반이 대야에서 튀어나왔다.

까망이도 대야 변죽에 뛰어올랐다.

하얀이는 목욕을 끝내고 대야에서 뛰어나왔다.

하얀이는 선 채로 왼쪽 다리를 뻗어 왼쪽 날개를 말리고 오른쪽 다리를 뻗어 오른쪽 날개를 말렸다. 그리고 목을 움츠려 깃털을 냅다 털어 대자 삽시에 안개가 자욱하였다. 와! 햇빛이 비치니 공중에 오색영롱한 무지갯빛 안개가 피어났다.

내 비둘기 참 장해!

까망이도 대야에 뛰어들어…….

나는 매일같이 물을 들고 와서 하얀이와 까망이를 목욕시켰다.

그러던 어느 날, 어머니는 내가 세숫대야로 비둘기를 목욕시키는 것을 목격하고 어떻게 세숫대야로 목욕시킬 수 있느냐며 화나서 고함쳤다. 그래서 나는 시장에 가서 비둘기 목욕용 자배기를 샀다.

이미는 줄곧 자신에게 하얀이와 까망이를 맡겨 키우게 하기를 바랐다. 하얀이와 까망이가 알을 낳으면 알은 자신에게 남기고 하얀이와 까망이를 다시 나에게 돌려준다는 것이었다. 그 이유인즉 본인은 비둘기를 키운 경험이 있지만 나는 없기

하얀이는 선 채로 왼쪽 다리를 뻗어 왼쪽 날개를 말리고 오른쪽 다리를 뻗어 오른쪽 날개를 말렸다. 그리고 목을 움츠려 깃털을 냅다 털어 대자 삽시에 안개가 자욱하였다. 와! 햇빛이 비치니 공중에 오색영롱한 무지갯빛 안개가 피어났다.

에 무슨 문제라도 생기면……. 나는 어련히 잘 키울 것이라고 반박하였다. "내가 종일 너희 집에 있었으니까 네가 비둘기를 어떻게 길렀는지 잘 알고 있지. 문제가 생길 리 없어!"

"너희들을 우리 집으로 오지 말라고 했어야 돼!" 이미는 투덜댔다.

나는 생각하였다. '하얀이와 까망이가 낳은 알을 이미한테 줄 수 없는 건 아니다. 하지만 난 하루빨리 비둘기 떼를 만들고 싶다. 그러면 비둘기가 충분해야 된다. 내게 비둘기가 많으면…….' 눈을 감으니 내 비둘기 떼가 이미의 비둘기 떼처럼 하늘을 날아다니는 것 같았다. 아니, 내 비둘기 떼가 호위화 비둘기 떼 같았으면 좋겠다. 호위화 비둘기 떼야말로 진정한 비둘기 떼니까. 호위화 비둘기 떼가 날아오르면 하늘을 새까맣게 뒤덮어서 마치 먹이를 찾아서 날아다니는 겨울철 참새 떼 같았다. 그래서 사람들은 산수구동네의 해자를 언급하기만 하면 엄지를 치켜들고 말하였다. "그러니까 비둘기 기르는 애. 걔 비둘기 좋지! 대단해! 이거야말로 최고지!"

하지만 이 문제에 있어서 이미는 고집스럽기로 당나귀 같아 계속 나를 귀찮게 하였다.

"이미, 너한테 안 준다는 게 아니야." 나는 큰마음을 먹고 덧붙였다. "아니면 하얀이와 까망이가 다시 알을 낳게 되면 줄게." 이미는 어디까지나 한동네에서 사는 이웃이고 나에게 잘해 주었기에 그에게 밉보이기 싫었다.

"안 돼!" 이미는 아주 단호하게 말하였다. 마치 하얀이와 까망이가 내 것이 아니라 자신의 것인 것처럼 말이다.

"알겠어." 나는 한숨이 나왔다. 불현듯 무언가 생각나서 이미에게 말하였다. "그럼, 비둘기 호루라기 하나 만들어 줘. 내 비둘기 알은 네 비둘기하고 안 바꿔도 돼."

나는 그의 비둘기를 가지고 싶지 않았다.

왜냐구요?

나는 잘 알고 있었다. 내 비둘기 알과 맞바꾼 이미의 비둘기는 명목상 내 소유라서 우리 집 곡물을 먹고 내 비둘기장에서 산다. 하지만 이미의 비둘기 떼가 날아오기만 하면 어김없이 돌변해 곧바로 그들의 친지들을 찾아가 놀 것이다. 그들은 우리 집을 식당과 숙소로 여기기에 우리 집에서 배불리 먹고 푹 자고 나서 친지들을 찾아가 논다. 그러니 그들은 내 비둘기 같지가 않다. 내가 바보도 아니고 이미에게 속을 리 없었다.

"비둘기 호루라기면 돼?" 이미는 믿기지 않는듯 또 물었다. "비둘기는 안 가진다고?"

나는 고개를 끄덕이었다.

"좋아!" 이미가 더없이 기쁜 것은 분명하였다. 그는 기뻐서 계속 손을 비볐다. 그는 세상에 이런 바보가 다 있느냐고 생각하였을 것이다. "쌍음 호루라기 하나 만들어 줄게. 무조건 마음에 들 거야."

이미는 콧노래를 흥얼거리며 떠났다.

이미는 멀리까지 가다가 다시 뒤돌아보며 말하였다. "후회하면 안 돼. 해자!"

이미는 비둘기 호루라기를 제법 잘 만들었는데 호루라기 소리가 유난히 우렁찼다.

나는 종종 이미네 집에 가서 이미가 비둘기 호루라기 만드는 것을 구경하였다.

이미는 보통 대통으로 비둘기 호루라기를 만들었다. 그는 대나무 장대에서 알맞은 대통 한 토막을 톱질한 다음 작은 칼로 대통 내벽을 얇게 긁어 냈다.

"얇을수록 좋아." 이미는 호루라기를 만들면서 우리에게 말하였다. "이렇게 하면 비둘기 호루라기가 가벼워. 너무 무거우면 비둘기가 달고 높이 날지 못해. 그러면 호루라기 소리도 그리 우렁차지 않아."

이미가 긁어 낸 대통 내벽은 나뭇잎처럼 얇아서 햇빛에 비추어 보면 무늬 하나하나가 선명하게 보일 정도였다.

그리고 이미는 소장해 둔 낡은 조롱박을 찾아내 실톱으로 한 조각 잘라 낸 후 작은 칼로 조롱박 표면을 경사지게 깎아 호루라기 입구를 만들었다. 그다음 줄칼로 조롱박 덮개의 크기를 대통 입구만 하게 깎았다. 마지막에 아교로 조롱박 덮개를 대통 입구에 부착하면 비둘기 호루라기가 완성되었다.

이미는 대통 외에 탁구공으로도 비둘기 호루라기를 만들 수 있었다.

이미는 공화평에게서 망가진 탁구공을 얻어 와서 가위로 터진 자리에 동그란 구멍을 냈다. 그다음 크기가 알맞은 조롱박 덮개를 만들어 그 구멍에 부착하면 비둘기 호루라기가 완성되었다.

이미는 우리에게 사실은 탁구공으로 비둘기 호루라기를 만드는 것이 더 쉽다고 알려 주었다. 탁구공은 두께가 워낙 얇아

대통을 아무리 얇게 긁어도 탁구공만큼 얇지 않았다. 그래서 탁구공으로 만든 호루라기는 더 가볍고 더 우렁찼다.

  하지만 망가진 탁구공을 얻기 어려웠다. 공화평과 그의 친구들은 탁구를 칠 때 매우 조심하였다. 탁구대를 깨끗이 닦지 않으면 탁구공이 모래에 긁혀 손상될까 봐 그들은 탁구를 치지 않았다. 누가 목판에 고무가 부착되지 않은 탁구채를 들고 오면 탁구공이 이런 탁구채 때문에 쉽게 망가질까 봐 그들은 역시 탁구를 치지 않았다. 그들은 탁구를 치는 것이 아니라 비싼 도자기를 옮기는 것 같았다.

  이미는 꼬박 보름 동안 공화평을 지켜본 적 있다. 공화평과 그의 친구들이 치던 탁구공이 망가지면 얻어 와서 비둘기 호루라기를 만들려 하였다. 하지만 공화평과 그의 친구들이 탁구공을 사자어금니같이 아껴서 이미는 너무 절망스러웠다.

  '이러다 어느 세월에 가능할까?' 이미는 생각하였다.

  이미는 미간을 찌푸리더니 곧바로 방법을 찾아내었다. 공화평과 그의 친구들이 탁구공을 치다가 바닥에 떨어뜨리면 못 본 체하고 지나가면서 탁구공을 밟아 단번에 납작하게 만드는 것이다.

공화평과 그의 친구들은 어찌 그리 조심성이 없느냐며 하나같이 고함지르면서 이미를 야단하였다.

이미는 밟혀 납작해진 탁구공을 주워 가려다 말고 고개를 돌려 히죽히죽 웃으며 말하였다.

"이 정도면 더 이상 칠 수 없지."

하지만 공화평과 그의 친구들은 아예 이미를 못 가게 하면서 기어코 납작해진 탁구공을 달라고 하였다.

"밟혀 가지고 이평 뒤통수처럼 납작해졌는데도 달라고?" 이미는 말하였다.

"줘!" 공화평과 그의 친구들은 말하였다.

이미는 하는 수 없이 납작해진 탁구공을 공화평과 그의 친구들에게 돌려주었다.

이미는 공화평과 그의 친구들이 대체 무엇을 하려는지 보고 싶어서 공화평네 집으로 따라갔다.

공화평은 그저 물 한 주전자를 끓여 큰 법랑 그릇에 부은 다음 거기에 납작해진 탁구공을 집어넣었다.

아니, 이럴 수가! 납작해진 탁구공이 물속에서 서서히 부풀어 오르더니 원상 복구되었다.

공화평은 치던 탁구공이 망가져도 버리지 않았다. 탁구공이 터지면 망가져 도저히 칠 수 없는 탁구공을 잘라 초산이소아밀 접착제를 조금 바른 다음 터진 자리에 부착하였다. 그는 이렇게 때운 탁구공을 계속 쳤다.

탁구채를 허리춤에 차고 다니는 공화평은 기세당당해 보이지만 실은 인색하기 짝이 없는 왕소금이었다. 그에게서 망가진 탁구공 하나를 얻기란 그야말로 낙타가 바늘구멍에 들어가기보다 더 어려운 일이었다.

그래서 이미는 여전히 주로 대통으로 비둘기 호루라기를 만들었다.

우리는 이미를 따라 역전 길거리의 토산물 가게에 가서 대나무 장대를 산 적 있다. 이미가 긴 대나무 장대를 골라 사면 우리가 대신 메고 돌아왔다.

이미는 비둘기 호루라기를 만드는 것은 쉽지만 조롱박을 구하기가 어렵다고 하였다. 조롱박은 큼직해야 하고 조롱박이 커야 껍질이 두껍고 껍질이 두꺼워야 경사가 적당한 호루라기 입구를 만들수 있었다.

조롱박을 구하기 위해 이미는 우리를 동원해 이리저리 찾아다녔다.

산수구동네 서쪽에 사는 어떤 아이는 어머니가 밀가루 푸는 데 쓰는 조롱박을 훔쳐서 이미에게 주었다. 그러자 이미는 기뻐서 어쩔 줄 몰라하였다. 아이의 어머니가 밥하다가 조롱박이 없어진 것을 발견하고 아이에게 물었더니 결국 이실직고하였다. 아이의 어머니가 조롱박을 돌려받으러 이미를 찾아갔을 때 조롱박은 벌써 이미에 의해 큰 구멍이 뚫린 상태였다. 그런데도 아이의 어머니는 구멍 난 조롱박을 가져가서 반창고를 붙인 뒤 계속 사용하였다.

이미는 쌍음 비둘기 호루라기도 만들 줄 알았다. 사실, 쌍음 비둘기 호루라기는 크고 작은 비둘기 호루라기 두 개를 합친 것인데 이런 호루라기는 공정이 더욱 복잡하였다. 쌍음 비둘기 호루라기 소리가 울리면 높고 낮은 두 가지 소리가 나기에 정말 듣기 좋았다.

이미는 나에게 쌍음 비둘기 호루라기를 만들어 주기로 약속하였다. 나는 기쁘기 짝이 없었다.

10
내 비둘기는 푸른 하늘을 갈망하였다

나는 하얀이와 까망이를 정성스레 돌보았다.

나는 옥수수떡을 잘게 쪼개서 하얀이와 까망이에게 먹였다. 가끔 우리 어머니의 녹두 단지에서 녹두를 조금 꺼내 그들에게 먹이기도 하였다. 나는 그들이 특별히 녹두를 좋아한다는 것을 알게 되었다. 내가 녹두를 바닥에 뿌려 주면 그들은 아아아 울며 날개를 펴고 휘청거리면서 달려와 앞다투어 녹두를 먹었다. 하지만 녹두는 어머니에게 매우 귀중하기에 그들에게 함부로 많이 먹일 수 없었다. 어머니는 솥에 녹두를 한 줌 집어넣고 구수한 녹두죽을 쑤었다. 또 녹두가 좀 비쌌기에 그들에게 녹두를 먹이는 것을 어머니가 알게 되면 정말 큰일이었다. 그래서 그들도 우리처럼 주로 옥수수떡을 먹었고 별식으로만 녹두를 먹을 수 있었다.

하얀이와 까망이는 갈수록 내 말을 잘 들었다. 내가 쭈쭈쭈 부르면서 손을 들기만 하면 그들은 날개를 펼치고 달려와 먹이를 달라고 하였다.

그 후, 하얀이와 까망이는 조금 날 수 있게 되었고 나를 보기만 하면 날개를 파닥이며 손으로 뛰어올라 먹이를 달라고 하였다.

나중에 내가 양손을 벌리기만 하면 그들은 내 손으로 날아와 앞다투어 손바닥의 먹이를 먹었다.

나는 즐겁기 그지없었다.

하얀이와 까망이의 실력은 갈수록 늘었다. 하루는 그들이 우리 집 앞을 배회하다가 고개를 갸웃거리면서 올려다보기에 나는 그들이 무엇을 하려는지 살펴보았다.

얼마 후, 수컷 하얀이가 쪼그려 앉았다 힘을 주더니 날개를 펴고 지붕으로 포르르 날아올랐다.

하지만 지붕까지 날지 못하고 땅에 떨어져 엉덩방아를 찧었다.

하얀이는 까망이를 바라보았다.

까망이가 힘을 북돋아 주기라도 하듯 하얀이에게 다가와 살짝 건드렸다.

하얀이는 고개를 들어 지붕을 올려다보더니 또 날개를 펼치고 날아올랐다.

하지만 역시 지붕까지 날지 못하였다.

다시 시도해 보았지만 마찬가지였다.

옆에서 이를 지켜보니 손에 땀이 다 났다. 나는 하얀이를 내심 격려하면서 속으로 외쳤다. '하얀아, 제발 낙심하지 마! 힘내!'

까망이는 또 하얀이 곁으로 다가가 부리로 하얀이의 목을 쪼고는 하얀이에게 붙어 몸을 비볐다.

그러자 하얀이는 다시 일어서서 고개를 갸우뚱하고 지붕을 올려다보았다.

그리고 옆에 있는 까망이를 보고 또 나를 보았다.

하얀이는 쪼그려 앉았다가 펄쩍 뛰어오르더니 정신없이 날개를 파닥이었다.

와!

하얀이가 지붕으로 날아올랐다!

하얀이는 지붕 위에 서서 자신의 성공을 알리기라도 하는 것처럼 보란 듯이 가슴을 쫙 펴고 목을 쭉 뺐다.

나는 감격해서 가슴이 쿵쿵 뛰었다.

하얀이는 목을 길게 빼고 지붕 아래에 있는 까망이를 내려다보며 고개를 까딱하였다. 마치 까망이보고 지붕으로 날아오라고 부르는 것 같았다.

지붕 아래에 있는 까망이도 목을 쭉 빼고 하얀이를 올려다보았다.

까망이는 힘차게 뛰어올라 날갯짓하였지만 지붕으로 날아오르지 못하였다.

하얀이는 지붕 위에서 까망이를 내려다보면서 고개를 까딱거렸다. 까망이에게 무슨 말을 하는 것 같았는데 어쩌면 까망이에게 비행 요령을 가르쳐 주고 있는지도 모른다. 내가 까망이라면 분명 하얀이의 말귀를 알아들었을 것이다.

나는 주먹을 꽉 쥐고 속으로 까망이에게 말하였다. '거봐, 하얀이도 지붕으로 날았잖아. 너도 문제없을 거야. 힘껏 날아봐!'

까망이는 다시 날아올랐다.

한 번, 두 번, 세 번……

우아! 까망이는 파닥파닥 날갯짓하더니 끝내 지붕으로 날아올랐다.

하얀이와 까망이는 지붕 위에서 다정하게 기대고 있었다.

나는 저도 모르게 손뼉을 쳤다. 내 비둘기도 날 수 있다!

하얀이와 까망이는 난생처음 높은 곳에 올라가서 분명 무척 신기하였을 것 같다. 그들은 처마 위의 기와에 서서 고개를 돌리며 두리번두리번 주위를 살폈다.

잠시 후 하얀이와 까망이는 지붕 위에서 천천히 걷기 시작하였다.

우리 집 지붕의 기왓장 틈새로 잡초가 소복하게 자라고 있었다. 잡초들이 바람에 한들거리자 하얀이와 까망이의 관심을 불러일으켰다. 그들은 잡초 더미 옆에서 처음 보는 이 물건을 살펴보았다. 잡초를 쪼아 보더니 먹을 수 없다고 생각하였는지 더는 먹지 않았다.

하얀이와 까망이는 계속 위로 올라갔다.

나는 하얀이와 까망이를 보려고 뒤로 물러났다.

그들은 앞뒤에서 차례로 걷다가 서다가 하면서 느긋한 모습을 보였다. 때로는 고개를 뻣뻣이 치켜들기도 하고 때로는 고개를 숙여 무언가를 쪼기도 하였다.

이따금 걸음걸이가 불안정할 때는 날개를 펴고 몸의 균형을 잡았다.

하얀이와 까망이는 천천히 용마루로 올라갔다.

하얀이와 까망이는 몸을 옆으로 돌린 채 용마루에 서 있었다. 나는 그들을 보면서 비둘기의 자태가 아름답다는 것을 처음 느꼈다. 나는 이렇게 생각하였다. '공원의 공작은 화려하지만 내 비둘기하고 비할 수 없다. 공작은 그저 아름다울 뿐이고 내 비둘기는 서 있는 모습이 옛날 장군처럼 위풍당당하니까.' 햇빛이 그들을 비추자 흑백이 선명한 깃털은 장군의 갑옷처럼 반짝거렸다.

하얀이와 까망이는 따스한 햇볕 아래서 목을 움츠렸다.

하얀이와 까망이는 무엇에 놀랐는지 갑작스레 목을 길게 빼고 고개를 갸웃하면서 올려다보았다.

하늘에서 무슨 소리가 은은히 들려왔다.

소리가 갈수록 커졌다.

햇빛이 그들을 비추자 흑백이 선명한 깃털은 장군의 갑옷처럼 반짝거렸다.

후루루……

이미의 비둘기가 날아왔다.

이미의 비둘기 떼가 지붕 위로 날아갔다.

하얀이와 까망이는 자연스레 하늘의 비둘기 떼를 따라 고개를 돌렸다.

이미의 비둘기 떼가 연거푸 머리 위를 날아가자 하얀이와 까망이는 마음이 들떴다.

이미의 비둘기 떼가 또 머리 위를 날아가자 하얀이와 까망이는 참지 못하고 날려고 날개를 파닥이며 뛰어올랐다.

하지만 그들은 아직 비행 실력이 부족하였기에 지붕에서 몇 번이고 시도하였으나 하늘로 날아오르지 못하였다.

이미의 비둘기 떼가 멀리 날아갔는데도 하얀이와 까망이는 조각상처럼 꼼짝하지 않고 이미의 비둘기 떼가 사라진 방향을 오래도록 쳐다보았다.

나는 속으로 하얀이와 까망이에게 말하였다.

'얘들아, 조급해하지 마. 머지않아 너희들도 이미의 비둘기처럼 높이 날 수 있어! 아니, 더 높이 날 수 있어!'

나는 하얀이와 까망이가 지붕 위에서 내려와야 될 것 같아 그들을 쭈쭈쭈 하고 불렀다.

하얀이와 까망이는 내 말을 참 잘 듣기에 내 부름을 듣고 천천히 용마루에서 내려왔다.

그들은 처마 끝까지 걸어가서 목을 빼고 아래를 내려보다가 서로를 바라보았다. 조금 무서운지 머뭇거리며 감히 뛰어내리지 못하였다.

나는 양손을 벌리고 하얀이와 까망이를 격려하였다.

"괜찮아. 문제없어. 너희들은 충분히 할 수 있어. 내려와! 날아서 내려와!"

하얀이와 까망이는 내 말귀를 알아들었는지 잠깐 머뭇거리더니 다리를 쭉 뻗고 날개를 펼쳐 지붕에서 날아내렸다.

착지할 때 살짝 휘청하였지만 금세 똑바로 섰다.

하얀이와 까망이는 나에게로 달려와 먹이를 달라고 하였다.

하얀이와 까망이는 곧 아주 손쉽게 지붕으로 날아오를 수 있었다.

내가 그들을 부르면서 양손을 벌리기만 하면 그들은 곧장 지붕 위에서 내 손으로 날아와 앞다투어 먹이를 먹었다.

우리 하얀이 까망이 정말 대단해!

요즘 하얀이와 까망이는 지붕 위에서 지내기 일쑤였다. 그들은 지붕 위에서 거닐거나 장난치거나 기왓장에 있는 무언가를 쪼아 먹었다.

그들은 공중에서 선회하는 이미의 비둘기 떼를 볼 때마다 날고 싶어서 비행 태세를 취하고 있었다.

11
칭찬받는 것은 즐거운 일이다

　사실, 내 입으로 하얀이와 까망이를 자랑한 적 없지만 그들을 본 사람들은 입을 모아 훌륭하다고 칭찬하였다.
　나는 이것이 나에 대한 칭찬이라는 것을 알고 있었다.
　내가 훌륭한 비둘기 두 마리를 얻었다는 것을 다 알기에 숱한 사람들이 비둘기를 구경하러 왔다.
　'오리', 이평, 공화평, 군기 고수 서소걸은 두말할 것 없이 왔다. 그들은 내 비둘기를 보고 나서 이구동성으로 말하였다. "해자, 네 비둘기 정말 훌륭해! 이 봐. 얼마나 예쁘고 깨끗한지 몰라! 깃털 봐. 새까맣고 반들반들해서 꼭 구두약을 바른 것 같구나. 흰 거 봐. 하얀 의료용 거즈 같아⋯⋯." 이평은 나에게 속삭이었다. "이미 비둘기는 네 비둘기하고 비교도 안 되지."

"이미 귀에 들어가지 않도록 해. 걔한테 걷어차일라." '오리'는 이평에게 경고하였다.

"걔가 감히!" 이평의 남동생 삼평은 '오리'를 밀면서 말하였다.

나는 하얀이와 까망이가 사람을 전혀 무서워하지 않게끔 훈련시켰다. 나는 '오리'와 친구들에게 시범을 보이려고 하얀이와 까망이를 지붕으로 내몰았다.

나는 옥수수떡을 가져와 잘게 쪼갠 다음 '오리'와 친구들에게 시험해 보라고 하였다.

나는 '오리'에게 양손을 벌리라고 한 뒤 쭈쭈쭈 하며 하얀이와 까망이를 불렀다.

하얀이와 까망이는 지붕에서 '오리'의 손에 포르르 내려앉아 먹이를 쪼아 먹었다.

'오리'가 놀라서 입을 크게 벌리자 이평이 놀렸다. "네 입이 함지박만 해."

공화평도 옥수수떡을 빼앗아 와서 시험해 보았다.

하얀이와 까망이는 또 공화평의 손으로 포르르 날아와 앞다투어 먹이를 먹었다.

　이평도 시험해 보고 싶었지만 삼평이 안 된다며 내 손에서 옥수수떡 한 조각을 빼앗아 갔다. 이평이 삼평에게서 옥수수떡을 빼앗으려 하자 삼평은 울음을 터뜨렸다. 삼평이 옥수수떡을 먹이게 하라고 내가 이평에게 말하였더니 삼평은 금세 눈물을 거두고 웃었다. 하얀이와 까망이는 삼평의 손으로 날아와 앞다투어 옥수수떡을 먹었다. 삼평은 팔이 짧고 힘이 약하였기에 비둘기들이 그의 손에 똑바로 서 있지 못하였다. 그 바람에 삼평은 비둘기 날개에 뺨을 맞고 말았다. 삼평은 또 울었다.

　"해자가 이미보다 비둘기를 훨씬 잘 키웠어! 이미 비둘기는 사람만 보면 도둑이 경찰을 본 것처럼 피해 버리는데 해자 비둘기는 사람을 보면 서슴없이 날아오잖아. 해자 비둘기가 낫지!" 사람들은 말하였다.

　이미가 왔을 때 나는 훈련 성과를 자랑하고 싶었다. 내가 양손을 벌리고 쭈쭈쭈 부르자 하얀이와 까망이는 지붕 위에서 포르르 날아와 내 손바닥의 옥수수떡을 쪼아 먹었다.

　이미도 시험해 보았다. 하얀이와 까망이는 또 지붕 위에서 날아와 앞다투어 이미 손의 먹이를 먹었다.

"잘 키웠네!" 이미는 말하였다.

나도 그렇게 생각하였다. 내 비둘기가 너무 자랑스러웠다.

"녹두를 많이 먹이는 게 좋아." 이미는 알려 주었다.

이미 아버지도 내 비둘기를 구경하러 온 적 있다. 그 역시 나에게 녹두를 많이 먹이라면서 그러면 비둘기가 빨리 자란다고 하였다. 내가 알고 있다고 하자 그는 스님이 합장으로 인사하듯 양손을 모아 하얀이와 까망이에게 말하였다. "빨리 자라거라. 빨리 자라서 얼른 알을 낳으렴. 요즘 우리 이미가 매일같이 꿈결에 잠꼬대해. 전부 너희들……."

하! 나는 어이없다고 생각하였다.

"이미가 잠꼬대하는 바람에 삼미하고 다른 애들이 잠을 잘 수가 없었어. 그래서 이미보고 저쪽에서 자라고 했지……." 이미 아버지는 계속 말하였다.

"잘하셨어요." 나는 말하였다.

"잘하긴 개뿔! 이미 발 냄새가 코를 찔러 가지고 삼미하고 다른 애들이 여전히 잘 수 없었어. 저희들끼리 또 한바탕 싸웠어. 그러니까 빨리 알을 낳아……." 이미 아버지는 말하였다.

마치 내가 비둘기 알을 낳기라도 하듯 말이다.

왕목근도 보러 온 적 있지만 비둘기를 구경하러 온 것은 아니었다. 그날 그는 목공 공구함을 가지고 와서 비둘기장이 채 완성되지 않았다고 하였다. 내가 다 완성되었고 아주 훌륭하다고 하자 그는 못다 만들었다고 말하였다.

왕목근은 공구함에서 판자, 자, 톱을 꺼냈다.

나는 비둘기장을 다시 보았지만 어느 부분이 미완성인지 정말 발견하지 못하였다.

왕목근은 확실히 다 만들지 못하였다며 자신도 문뜩 생각났다고 하였다. 그는 비둘기장의 작은 문을 가리키며 지난번에 문짝을 달지 않아서 달아 주러 왔다고 하였다. 그는 아주 간단한 작업이라면서 돌쩌귀와 문고리를 준비해 왔으니 문짝의 치수를 잰 다음 나무판을 톱질해서 달기만 하면 된다고 하였다. 그리고 나보고 자물쇠를 사 오라고 하였다.

나는 급히 왕목근을 제지하였다. 나는 비둘기들이 문을 열 줄도 닫을 줄도 모르니 문짝을 달면 그들이 드나들 수 없다고 말하였다.

왕목근은 무척이나 아쉬워하며 비둘기장을 들고 다시 꼼꼼 삼평은 금세 눈물을 거두고 웃었다. 하얀이와 까망이는 삼평의 손으로 날아와 앞다투어 옥수수떡을 먹었다.

히 점검하였다. 그는 비둘기들이 다치면 안 된다며 망치를 가져와 튀어나온 못대가리 하나를 사려 놓았다.
 그 후, 이미는 또 우리 집에 왔다.
 하지만 내 비둘기들에게 먹이를 주러 온 것은 아니었다.
 누군가를 몰아내러 온 것이었다.
 누구를 몰아내려는 것일까요?
 '오리', 이평, 삼평, 공화평, 서소걸을 우리 집에서 몰아내려는 것이었다.
 알고 보니 내가 예쁘고 말을 잘 듣는 하얀이와 까망이를 기른 후 '오리'와 친구들은 더는 이미네 집에 가지 않았다. 그들은 더 이상 꾀죄죄한 이미의 비둘기를 보고 싶지 않았고 이미가 지붕 위에 서서 붉은 헝겊을 매단 대나무 장대를 흔들어 비둘기를 쫓아내는 것도 보고 싶지 않았다. 그들은 우리 집에 와서 옥수수떡으로 하얀이와 까망이를 유인해 자기의 손으로 날아오는 것을 보고 싶었다.
 "또 여기 오는 날엔 다신 우리 집에 와서 비둘기 구경 못해!" 이미는 화가 잔뜩 나서 '오리'와 친구들에게 말하였다.
 "가자!" 이미는 우리를 부르더니 알탄을 만들러 제집에 가

자고 하였다. 이미네 집 알탄이 또 다 떨어졌기 때문이다.

물론 나도 그들을 따라 이미네 집으로 갔다.

사람들이 다 내 비둘기를 칭찬하기에 나는 하얀이와 까망이가 너무 대견스러웠다. 길을 걸을 때면 뒤에서 누군가 자꾸 말하는 것 같았다. "애가 바로 해자! 두미흑비둘기 기르는 애! 해자 비둘기 좋지! 정말 끝내줘……."

나는 이런 말을 실제로 듣지는 못하였지만 사람들이 분명 이렇게 말할 것이라고 생각하였다. 비둘기를 기른 것은 지금껏 내가 한 일 중에서 제일 칭찬받을 일이었다.

그때 나는 가슴을 쫙 펴고 당당하게…….

12
내 비둘기가 사라졌다

어느 날 큰일이 생겼다.

그날도 하얀이와 까망이는 여느 때와 같이 지붕으로 날아가서 놀고 있었다.

이평이 나를 찾아와 그림책을 몇 권 빌려 왔으니 제집에 가서 보자고 하였다. 그림책은 바로 연속 그림 이야기책[11]인데 내가 즐겨 보는 책이었다. 요즘에 책은 매우 보기 드물었다. 특히 우리 동네의 학부모 대부분은 교육을 많이 받지 못하였

---

11 연속 그림 이야기책은 연속적인 그림으로 이야기를 서술하고 인물을 부각시키는 중국의 오랜 전통 예술.

기에 책을 소장하고 있는 집이 몇 가구 안 되었다. 그래서 누가 그림책 한 권이라도 얻으면 그것은 엄청난 일이었다. 그날 이평은 사촌형네 집에서 돌아올 때 그림책 몇 권을 가져왔다. 그는 내가 책을 좋아하는 것을 알기에 나를 불러 제집에 가서 그림책을 보자고 하였다.

나는 지붕 위에 있는 비둘기들을 까맣게 잊은 채 이평네 집으로 후다닥 뛰어갔다.

나는 이평을 따라 그의 집으로 달려갔다.

우리 둘은 각자 그림책을 보았다.

그림책들은 아주 낡았다. 표지는 크라프트지로 돼 있고 책 이름은 붓글씨로 쓰여져 있어 과거 헌책 노점의 그림책과 다름없었다. 어쩌면 헌책 노점의 그림책일지도 모른다. 이전에 나는 자주 헌책 노점에 가서 책을 대여해 보곤 하였는데 때로는 가로등이 켜질 때까지 보고도 발길이 떨어지지 않았다. 돈이 없을 때는 다른 사람이 대여한 책을 옆에서 같이 보기도 하였다. 그렇게 눌러앉아 보고 있으면 노점상이 언짢아하며 내쫓았다. 그 후, 헌책 노점은 없어졌고 우리는 헌책 노점이 못내 그리웠다.

나는 이평의 이런 그림책 대부분을 다 보았지만 다시 보아도 여전히 흥미로웠다. 그중에 전쟁 관련 그림책이 여러 권 있었는데 나는 이런 그림책을 좋아하였다. 간첩 작전에 관한 그림책도 있었는데 더욱 재미있었다. 그리고 『삼국지』의 '관공이 필마로 천 리를 달리다'와 『수호전』의 '임충林冲이 설야雪夜에 양산梁山을 오르다'…….

우리는 시간 가는 줄 모르고 흥미진진하게 그림책을 보았다.

나는 또 그림책 한 권을 집어 들었는데 외국 전쟁과 관련된 것이었다. 찬찬히 읽어 내려갔다.

그림책에 전서구가 등장하였다. 하! 정말로 소련 홍군[12]의 전서구였다. 소련 홍군이 독일 침략군에게 포위되자 전사들은 비둘기 다리에 구조 요청 편지를 묶어서…….

나는 그림책에 나온 소련 홍군 군용 비둘기의 모양을 들여다보았다. 이미가 말한 것처럼…….

아!

---

12 1917부터1945년까지의 소련 육상 군사 기지와 공군의 총칭.

나는 한 가지 생각이 언뜻 머리를 스쳐 지나가서 소리쳤다.

이평은 내가 재미있는 대목을 본 줄 알고 고개를 들어 나를 쳐다보았다.

내 비둘기!

나는 그림책을 던지고 후다닥 뛰쳐나갔다.

쏜살같이 집으로 뛰어갔다.

마당에 들어가자마자 먼저 지붕을 올려다보았다.

하얀이와 까망이는 지붕 위에 없었다.

하얀이와 까망이가 비둘기장에 있을 줄 알았는데 거기에도 없었다.

나는 살짝 조바심이 났다.

쭈쭈쭈……

나는 마당을 빙빙 돌며 계속 하얀이와 까망이를 불렀다.

하지만 아무런 반응이 없었다.

나는 또 집 안으로 뛰어 들어가 찾았다. 침대 밑으로 기어 들어가 보고 찬장 구석구석을 살펴보고 우리 어머니가 옷을 넣어 두는 녹나무 상자까지 열어 확인하였지만 아무런 소득이 없었다.

내 비둘기는 어디로 갔을까? 나는 당황해서 머리를 긁적이며 그저 비둘기장을 응시하였다. 내 비둘기는 어디로 갔을까? 나는 단념하지 않고 또 비둘기장을 들고 바닥에 부딪쳐 보았다. 그러자 비둘기장 안에 깔아 놓은 건초가 다 털려 나왔고 비둘기장 모서리도 바닥에 부딪쳐 우그러졌다. 왕목근이 이것을 보면 너무 마음이 아팠을 것이다. 하지만 내 비둘기들은 그림자도 보이지 않았다.

나는 마당에서 집 밖으로 뛰쳐나와 오락가락하면서 쭈쭈쭈 하고 하얀이와 까망이를 불렀다. 그들이 내 부름을 듣고 눈앞에 불쑥 나타나기를 바랐다.

하지만 하얀이와 까망이는 나타나지 않았다.

어떤 사람은 내가 초조해하는 것을 보고 웬일이냐고 물었다. 나는 기가 죽어서 비둘기가 사라졌다고 대답하였다.

얼마 되지 않아 '오리', 이평, 공화평도 이 일을 알게 되었고 달려와서 나에게 어떻게 할 생각이냐고 물었다.

"나도 어떻게 하면 좋을지 모르겠어." 나는 훌쩍거리며 대답하였다.

그 후 이미도 달려왔다.

이미는 나보다 더 조급해 보였으며 나에게 일부 상황을 물었다.

이미는 고개를 숙이고 잠시 생각하더니 우리를 동원해 비둘기를 찾아 나섰다.

비둘기 기르는 데는 이미가 베테랑이라 이때 나는 그를 믿어 의심치 않았다. 이미가 나서니 나는 다시 희망이 생겼다.

"비둘기들이 먹이를 찾으러 쓰레기통에 들어갔다가 부주의로 거기에 갇혔을 가능성이 제일 높아." 이미는 말하였다.

"그럴 리 없어. 내 비둘기는 절대 그런 데 가서 먹이를 먹지 않아……." 나는 항의하였다.

"네가 알긴 뭘 알아! 네가 비둘기니!" 이미는 말하였다.

생각해 보니 틀린 말은 아니었다.

달그락달그락! 왈가닥왈가닥! 찰카닥찰카닥!……집집마다 이런 소리가 울렸다. 우리는 남의 집의 쓰레기를 담은 용기, 낡은 통, 삼태기, 낡은 나무 상자를 전부 들쑤셔 놓았고 삼평은 내다 버린 탄재와 썩은 채소 잎까지 헤쳐 가며 찾았다. 그러다 삼평은 유리 구슬 두 개를 찾아내고는 더할 수 없이 기뻐하였다.

아이들은 돌아와서 우리 동네 집집마다 샅샅이 뒤졌지만 비둘기의 종적을 찾지 못하였다고 이미에게 보고하였다.

삼평은 머리를 감싸 쥔 채 울면서 돌아왔다. 그는 유 씨 아주머니에게 빗자루로 머리를 몇 대 맞았다. 화분에 비둘기가 있는지 확인하려고 유 씨 아주머니 집으로 달려가 화분의 꽃을 뽑아 버렸기 때문이다.

"내 말이 맞잖아!" 나는 말하였다.

이미는 눈살을 찌푸리며 다시 생각하였다.

이미는 생각하면서 주위를 둘러보았다.

이미는 벽을 보더니 말하였다.

"맞다! 구멍을 후벼 보자." 이미는 벽 가까이 있는 굴뚝 구멍을 가리키며 말하였다. "어쩌면 비둘기들이 어느 구멍으로 들어갔을 지도 몰라······."

"형, 구멍이 뭐야?" 오미는 물었다.

"굴! 깜깜한 굴!" 이미는 말하였다.

'내 비둘기는 구멍으로 들어가지 않았을 거야. 침대 밑에 있는 구멍으로 들어가는 건 네 비둘기밖에 없어.' 나는 이렇게 생각하였지만 아무 말도 하지 않았다. 현재는 모든 가능성을 열어 놓고 있기 때문이다.

우리는 구멍을 찾아 나섰고 구멍을 발견하면 뒤졌다.

어떤 아이는 벽 가까이 있는 굴뚝 구멍을 뒤졌고 또 어떤 아이는 걸상에 서서 처마 밑의 틈새를 뒤졌다.

오미는 집으로 달려가 죽피 보온병을 가지고 왔다. 이미가 영문을 묻자 오미는 보온병 입구를 이미를 향하고는 말하였다. "형, 굴! 형, 굴!" 이미는 화나기도 하고 오미가 우습기도 하였다. 이미가 오미를 나무라기도 전에 이미 어머니가 쫓아와 이미에게 한바탕 된욕을 퍼부었다. 이미 어머니는 이미가 괜히 일을 만든다며 오미가 보온병을 깨뜨리는 날에는 이미 다리몽둥이를 부러뜨린다며 으름장을 놓았다. 이미네 집에 보온병이 이것밖에 없었기에 아주 조심스레 사용해 왔다.

공화평은 처마 밑의 틈새를 계속 뒤지다가 별안간 소리를 질렀다.

우리는 그가 처마 밑에서 비둘기를 뒤져낸 줄 알았는데 의외로 참새 한 마리를 뒤져냈다.

참새가 자신의 손에서 짹짹하며 슬피 울어 대니 공화평은 아주 의기양양하였다.

그런데 뚱뚱한 집주인 할머니가 집 안에서 나와 공화평이 딛고 있던 걸상을 걷어차는 바람에 걸상이 날아가 버렸다.

공화평이 소리를 꽥 지르며 땅바닥에 떨어지자 손에 있던 참새도 날아가 버렸다.

몇몇 아이들이 맨홀을 에워싸고 불갈고리로 맨홀 뚜껑을 힘껏 젖혔다.

'쟤들도 맨홀 뚜껑을 열기 힘든데 비둘기가 어떻게 열고 들어갈까?' 나는 이렇게 생각하였지만 여러 가지 가능성이 있는 이상 그들을 제지하지 않았다.

그들은 끝내 맨홀 뚜껑을 열었고 얼굴을 들이밀고서 안을 들여다보았다. 당연히 그 안에 비둘기는 없었다.

삼평과 한 아이가 코를 쥐고 킥킥거리며 달려와서 소리쳤다. "냄새가 되게 고약해! 되게 고약해!"

우리는 그들에게 왜 그러느냐고 물었다.

삼평은 친구와 공중 화장실에 갔다 왔다고 말하였다.

다른 아이도 코를 쥐고서 똥구덩이란 똥구덩이는 다 가 보았다고 하였다.

"왜 똥구덩이를 봐?" 나는 이상하게 생각돼 물었다.

"네 비둘기가 똥구덩이에 빠져 죽었는지 확인하려고." 삼평은 대답하였다.

"거기 있데?" 의외로 이미는 이렇게 물었다.

"없어!" 삼평은 대답하였다.

나는 정말 화가 머리끝까지 치밀었다. 내 비둘기가 어떻게 이 지경이 되었을까?

늘 한데 모여 노는 우리는 산수구동네에서 왁자지껄 떠들기도 하고 높은 곳을 기어오르기도 하고 몰려서 휘젓고 다니며 소란을 피우기도 하면서 동네를 난장판으로 만들었다. 어른들은 우리가 정신 나간 줄 알고 못마땅한 눈빛으로 우리를 지켜보았다. 혹자는 목청을 높여 우리에게 귀에 거슬리는 말을 하였으며 또 혹자는 대체 무슨 일이 생겼느냐고 물어보았다.

아이들은 속속 돌아왔고 모두 하얀이와 까망이를 발견하지 못하였다고 말하였다.

이미는 연신 고개를 저었다.

나는 숨죽이고 이미를 바라보았다. 그가 내 비둘기들의 다른 은신처를 생각해 내기를 바랐다. 나는 하얀이와 까망이를 찾을 수 있다는 희망을 시종 잃지 않았다.

그들은 끝내 맨홀 뚜껑을 열었고 얼굴을 들이밀고서 안을 들여다보았다. 당연히 그 안에 비둘기는 없었다.

아이들도 이미를 바라보았다.

"그 비둘기들은 날지 못하니까 다른 비둘기들한테 유괴될 리 없는걸." 이미는 중얼거렸다.

우리는 아무 말도 하지 않았다.

"그럼, 도둑맞은 게 틀림없어!"

이미는 혼잣말하였지만 나에게는 마른 하늘에 날벼락이었다.

비둘기를 기르는 사람이라면 다 알다시피 비둘기는 때로는 다른 비둘기 떼를 따라 날아다닌다. 그러다 남의 비둘기 떼 주인집으로 날아가 잡히게 되면 이를 유괴되었다고 한다. 누구의 비둘기 떼에게 유괴되었는지 알면 찾아가 반환을 요구할 수 있는데 보통 반환해 준다. 이것은 비둘기 키우는 데 있어서 관례이다. 하지만 도둑맞은 것이라면 찾을 길이 없었다.

나는 엉엉 울었다.

내 비둘기를 도둑맞았다!

13
알고 보니 곽일도였다

나는 연석에 앉아 가여운 하얀이와 까망이 때문에 눈물을 훔쳤다. 나는 이 흉악한 비둘기 도둑을 저주하였다.

아이들은 나를 둘러싸고 이러쿵저러쿵 의견이 분분하였다.

이평이 갑작스레 요란을 떨며 달려왔다.

나는 그제야 오랫동안 이평을 보지 못하였다는 것을 깨달았다. 그는 그동안 뭘 하고 있었을까?

"찾았어! 찾았어!……." 이평은 아이들 사이를 파고들어 와서 숨을 헐떡이며 말하였다.

나는 그 말을 듣자마자 대뜸 눈물을 거두고 팔짝 뛰었다.

"어디 있어? 내 비둘기 어디 있어?"

이평은 이마에 맺힌 땀을 닦으면서 말하였다.

"곽일도한테 이... 있어!"

"응?" 내 귓가에서 폭죽이 터지듯 귀가 먹먹하였다.

"그럴 리 없어! 곽일도가 왜 훔쳐……." 이미는 이평의 소매를 잡아당기면서 말하였다.

"놔!" 이평은 이미를 향해 소리쳤다. "소매 찢어지면 물어내!"

이미는 놀라서 재빨리 손을 놓았다.

이미가 배상해야 할지 이평은 옷소매를 검사해 보았다. 그는 어머니가 손수 지어 준 옷에 신경 썼다.

대체 어찌 된 일일까? 내 비둘기가 왜 곽일도한테 있을까? 곽일도가 왜 내 비둘기를 훔쳤을까?

'우리 다 이미 지시대로 구멍을 찾았잖아. 너희들이 눈여겨보지 않은 구멍이 문득 생각났어…….' 이평은 우리에게 말하였다.

"무슨 구멍?" 누군가 물었다.

"늙은 느릅나무에 있는 구멍!" 이평은 말하면서 공화평을 슬쩍 보았다.

'그러네.' 나는 생각하였다. 채소 시장의 정육점 문어귀에 아주 굵고 해묵은 느릅나무가 한 그루 있었는데 가장귀에 구멍이 하나 나 있었다. 한번은 이평이 공화평의 군모를 빼앗아 그 구멍에 숨겨 놓는 바람에 둘이 싸운 적 있었다.

이평은 해묵은 느릅나무에 나 있는 구멍을 뒤지러 채소 시장으로 달려갔다. 막 도착하였을 무렵 정육점 문어귀의 느릅나무 밑에서 많은 사람들이 누군가를 둘러싸고 웅성웅성 떠들고 있었다. 이평이 사람들 사이를 비집고 들어가 보니 한가운데 정육점 종업원 곽일도가 있었다. 곽일도가 자신의 이마를 가리키며 고래고래 소리를 지르고 있었다. 이평이 보니 번들번들한 곽일도의 이마에 비둘기 똥이 잔뜩 묻어 있었다. 이미의 지도 하에 이평은 비둘기 똥에 대해 매우 익숙하였다.

이평은 계속해서 말하였다. 주위 사람들이 곽일도의 모습을 보고 한바탕 웃어 댔는데 그중에서 목수 왕목근이 제일 유쾌하게 웃었다고 하였다. 그러자 곽일도가 왕목근에게 발을 날렸고 그 바람에 왕목근이 멀리까지 튀어 나갔다고 하였다. 어떤 사람이 곽일도에게 누구의 소행이냐고 묻자 곽일도가 발 옆의 낡은 버들 광주리를 툭툭 쳤다고 하였다. 이평이 다가가 광주리 바닥에 난 구멍으로 보니 비둘기 두 마리가 갇혀 있었다.

"바로 네 비둘기야!" 이평은 나에게 말하였다.

나는 너무 속상하였다.

근데 곽일도가 어떻게 내 비둘기를 잡았을까? 우리는 너무 궁금해서 이평에게 뜸들이지 말고 얼른 말하라고 하였다.

이평은 그 후의 상황을 계속해서 우리에게 말해 주었다.

당시 곽일도는 정육점 문어귀의 해묵은 느릅나무 밑에서 담배를 피우며 더위를 식히고 있었다. 한편 그는 채소 시장의 부식품 가게에서 술담배를 파는 판매원 마馬씨 아주머니와 이야기를 나누고 있었다. 뚱뚱한 마씨 아주머니는 곽일도의 예비 사돈이다. 채소 시장에서 곽일도는 고기를 팔고 마씨 아주머니는 술담배를 팔았다. 그들이 한창 이야기하고 있는데 툭 하는 소리와 함께 곽일도의 이마에 무언가 떨어졌다. 그가 막 만지려 하자 마씨 아주머니가 소리치며 제지하였다. 그녀가 위를 가리켜서 곽일도가 올려다보니 정육점 지붕으로 뻗은 해묵은 느릅나무 가장귀에 비둘기 두 마리가 앉아 있었다. 그는 그제야 자신이 비둘기 똥의 습격을 받았다는 것을 알았다.

몹시 흥분한 곽일도는 가장귀에 있는 하얀이와 까망이를 가리키며 거친 욕설을 퍼부었다.

하얀이와 까망이는 당연히 곽일도의 말귀를 알아듣지 못하였고 가장귀에서 그냥 울어 댔다.

곽일도는 하얀이와 까망이에게 겁주려고 발을 구르고 주먹을 휘둘렀다.

하얀이와 까망이는 여전히 두려워하지 않고 고개를 갸우뚱한 채 곽일도를 내려보기만 하였다. 마치 극장의 위층 좌석에서 연극을 내려다보는 것처럼 말이다. '저 두 사람은 무슨 연극을 하고 있을까? 하여간 저 뚱보는 연기가 별로야. 누굴 욕하는 것 같아.' 그들은 분명 이렇게 생각하였을 것이다.

곽일도는 어찌할 방법이 없어 고개를 저었다.

뚱뚱한 마씨 아주머니는 아이디어가 번뜩 떠올라 예비 사돈 곽일도에게 말하였다. "비둘기들에게 겁주지 말고 기다려 봐요."

마씨 아주머니는 뒤돌아 쌀가게로 달려가 되에서 녹두를 한 줌 움켜쥐었다.

마씨 아주머니는 손을 내밀어 밭에 씨를 뿌리듯 녹두를 땅에 뿌리고는 닭을 부르는 것처럼 구구구 불렀다. 누군가 먹이를 주자 하얀이와 까망이는 지난번과 마찬가지로 좋은 사람을 만난 줄 알았는지 아니면 녹두의 유혹을 이겨 내지 못해서인지 가장귀에서 포르르 내려와 녹두를 쪼아 먹기 시작하였다.

곽일도는 멀거니 바라보기만 하였다.

"멍하니 있지 말고 어서 광주리 가져와요." 마씨 아주머니는 작은 목소리로 곽일도에게 말하였다.

그제야 정신을 차린 곽일도는 살금살금 정육점에 들어가 기름으로 얼룩진 낡은 버들 광주리를 집어 들고 가만가만 걸어 나왔다.

닥쳐오는 위험을 조금도 감지하지 못한 하얀이와 까망이는 아아아 울고서 맛나게 녹두를 먹었다.

마씨 아주머니는 적절한 때를 봐서 곽일도에게 눈짓하였다.

그러자 곽일도는 낡은 버들 광주리를 들고 대번에 비둘기들을 덮어씌웠다.

제대로 덮어씌웠다!

곽일도는 바보스레 헤벌쭉 웃으며 예비 사돈에게 이런 방법을 어떻게 알았느냐고 물었다.

부식품 가게 판매원 마씨 아주머니는 즐거웠던 지난날을 떠올리며 말하였다. "이건 식은 죽 먹기죠. 어렸을 때 저는 집에서 닭, 오리, 거위 다 길렀어요. 그때 저는 인민공사[13]에서 오리 잘 기르는 아가씨로 통했어요. 우리 인민공사에서 새끼를 오리 한 무리 키웠는데 저는 아침마다……."

곽일도가 머리에 묻은 비둘기 똥을 씻으러 가려고 하자 마씨 아주머니가 막았다. "비둘기는 몸에 좋은 거예요. 날짐승을 한 점 먹을지언정 길짐승을 한 근 먹지 않는다잖아요. 이 녀석들을 가져가 먹어 버려요. 근데 머리는 바로 씻지 말아요. 비둘기들이 머리에 똥을 잔뜩 싼 걸 사람들한테 보인 다음 먹어야 명분이 있어요……." 마씨 아주머니는 말하였다.

곽일도는 예비 사돈의 아이디어가 참으로 좋다고 생각하고 이마에 비둘기 똥을 묻힌 채 정육점 문어귀에서 소리를 질렀다.

이평은 얼른 곽일도에게 비둘기 주인을 안다고 말하였다.

곽일도가 누구 거냐고 묻자 이평은 산수구동네 앞쪽에 사는 해자의 두미흑비둘기라고 대답하였다.

"그럼, 가서 해자 데려와. 늦게 오면 비둘기를 볼 수 없을 테니까……." 곽일도는 말하였다.

---

13 1950년대 후반 중국의 농촌 조직 형식.

나는 나는 듯이 곽일도에게로 달려갔다.

이미는 괜찮은 친구였다. 그는 아이들을 데리고 나를 따라 왔다.

이미는 손에 불갈고리를 든 삼평을 보더니 그를 발로 차고는 말하였다. "싸우러 가는 게 아니야!"

"곽일도하고 싸워도 우리는 상대가 아니야." '오리'는 말하였다.

정육점에 도착한 우리는 문을 열어젖히고 들어갔다.

당일 고기가 매진돼 벽 가까이에 있는 선반의 고기 걸이가 모두 비어 있었다. 곽일도는 고기 도마 옆에 앉아 차를 마시다가 담배를 피우다가 하면서 퇴근을 기다리고 있었다. 그의 머리에 비둘기 똥이 없었기에 머리를 감은 것이 분명하였다.

고기 도마는 길이가 거의 2미터 남짓하고 너비가 1미터 남짓하고 두께가 성인 손가락 두세 개 정도였으며 벽돌로 쌓아 올린 지지대로 이 도마를 떠받치었다. 고기 도마는 사용한 지 너무 오래돼 기름이 스며들어 반질거렸다. 곽일도가 맨날 고기를 썰고 자르다 보니 도마 가운데가 움푹 패었다. 평소에 곽일도는 고기 도마 뒤쪽에 기세등등하게 서서 털북숭이 손에 번쩍이는 칼을 들고 쾅 하고 단칼에 고기를 잘랐다. 이 모습은 연속 그림 이야기책 『수호전』에 나오는 노지심魯智深에게 맞아 죽은 진관서鎭關西를 떠올리게 하였다.

나는 곽일도 팔의 검은 털을 보면서 용기를 내어 그에게 말하였다.

"비둘기 돌려줘요! 제 비둘기예요!"

곽일도는 나를 흘겨보면서 말하였다.

"어, 네 비둘기지. 비둘기 달라고?"

고개를 드니 왕방울만 한 곽일도의 눈이 보였다. "제 비둘기 가지러 왔어요. 돌려줘요!"

"해자한테 비둘기 돌려줘요." 이미는 눈웃음을 살살 치며 곽일도에게 다가가 덧붙였다. "그 두 마리는 두미흑비둘기예요……."

"비둘기 돌려줘요!" 나는 또 말하였다.

"해자한테 비둘기 돌려줘요!" '오리'와 친구들도 말하였다.

"허허!" 곽일도는 억지웃음을 지으며 옆에 있는 낡은 버들 광주리를 발길질하였다. 그리고 나서 우리에게 말하였다. "비둘기 달라고? 이 봐. 이 안에 있잖아……."

우리는 기름에 찌든 이 버들 광주리를 알고 있었다. 곽일도는 이 광주리로 돼지 내장을 담았다. 광주리 바닥에 난 구멍으로 하얀이와 까망이가 보였다. 그들은 나를 알아본 것 같았으며 내가 구해 주려는 것을 알고 나를 향해 아이아 울어 댔다.

나는 기쁘기 그지없었다. 나는 곽일도 곁을 돌아가서 광주리를 열어젖히고 비둘기를 꺼내려 하였다.

나는 하얀이와 까망이를 집으로 데려갈 것이다!

절커덕! 괴상한 신발 한 짝이 내 눈앞을 가리면서 광주리를 밟자 그 안의 하얀이와 까망이가 한바탕 소동을 일으켰다.

곽일도의 발이었다.

곽일도가 신은 샌들은 아주 특이하였다. 샌들 밑창은 낡은 트럭 타이어를 잘라서 만들었다. 대팻밥처럼 말려 있는 타이어의 가장자리에 꽃천으로 만든 띠 몇 가닥을 박아서 그의 큰 발을 단단히 감쌌다. 그는 이 괴상한 샌들이 매우 만족스러웠다. 그는 샌들을 신고 저벅저벅 거리를 걸었다. 마치 영화에서 왜적이 가죽 부츠를 신고 마을에 들어가는 것 같았다.

나는 고개를 들고 곽일도를 쳐다보았다.

"가져가려고?" 곽일도는 여전히 거짓 웃음을 지으며 말하였다.

"네!" 나는 대답하였다.

"어림도 없어!" 곽일도는 빗자루 눈썹을 치켜세우며 말하였다.

"왜요?" 나는 물었다.

"왜냐고?" 곽일도는 내 뒤쪽을 보더니 이평을 가리키며 말하였다. "와. 너 이리 와. 납작 머리 네가 그 이유를 알려 줘."

이평은 마지못해 앞으로 나왔다.

곽일도는 남의 집 문짝을 두드리듯 이평의 뒤통수를 탁탁 치며 말하였다. "너 방금 다 봤잖아. 그치?"

이평은 정말로 거북처럼 머리를 속에 움츠리고 싶을 지경이었다. 그는 엉겁결에 고개를 끄덕이었다.

"거봐! 거봐!" 곽일도는 입이 헤벌쭉해서 우리에게 말하였다. "애도 봤고 본 사람 수두룩해. 사람들한테 보여 주려고 방금 전까지 머리를 감지 않았어. 이 녀석들이 내 머리에 똥을 잔뜩 쌌다니까." 그가 발을 쿵쿵 구르자 발 옆에 있는 낡은 광주리 안의 하얀이와 까망이가 또 한바탕 소동을 일으켰다. "이놈들을 먹어 버릴 거야!" 그는 입을 쩝쩝 다시며 말하였다.

나는 하얀이와 까망이를 집으로 데려갈 것이다!
절커덕! 괴상한 신발 한 짝이 내 눈앞을 가리면서 광주리를 밟자 그 안의 하얀이와 까망이가 한바탕 소동을 일으켰다.

나는 엉엉 울었다.

곽일도는 내가 울든 말든 관계하지 않았다. 그는 나를 보더니 입을 삐죽하며 자신이 아이를 괴롭히는 것이 아니라 내 비둘기가 자기 머리에 똥을 갈겨서 별수없다고 하였다. 그는 누구든 남의 머리에 똥을 싸서는 안 되며 그러는 날에는 큰코 다칠 것이라고 엄포를 놓았다. 나보고 오라고 한 것은 자신은 정정당당하게 먹지 몰래 먹지 않는다는 것을 알려 주기 위해서라고 하였다. 그는 일요일에 내 비둘기를 먹어 버린다며 한 마리는 찌고 한 마리는 졸이고 뼈도 버리지 않고 콩과 함께 국을 끓여 먹는다고 하였다. 말하는 순간 그의 입가에서 벌써 침이 흘러나왔다. 옆에서 누군가 침을 꿀꺽꿀꺽 삼키는 소리가 들렸다.

"이 녀석들 무슨 비둘기라 했지?" 곽일도는 또 이평에게 물었다.

이평은 더 이상 감히 입을 열지 못하였다.

"알려 주기 싫으면 말고!" 곽일도는 투덜거리더니 계속 말하였다. "무슨 흑이라 한 거 같은데. 무슨 흑이었더라……기억이 안 나네. 까무잡잡이라고 하지 뭐."

돌아가는 길에 이평은 이를 부득부득 갈며 분필로 벽에다 다음과 같이 낙서해 놓았다. 곽일도를 거꾸러뜨리자! 곽일도를 태워 버리자! 곽일도를 기름에 튀겨 버리자!

나는 계속 가다가 왕목근과 마주쳤다.

왕목근은 나에게 비둘기를 돌려받았느냐고 물었다.

나는 고개를 저었다.

왕목근은 내 어깨를 툭툭 쳤다. 그의 혼잣소리가 들렸다.

"이젠 때가 됐어. 때가 됐어……."

14
곽일도는 만만치 않다

이제 곽일도에 대해 말해 봅시다.

곽일도의 본명은 곽보성인데 사람들은 본명 대신 곽일도라 불렀다. 아마 그가 고기를 팔 때 번뜩이는 큰 칼을 들고 단칼에 쾅 내리치기에 '일도'라 부르는 것 같았다.

곽일도는 살이 피둥피둥 쪄서 배가 남산만 하고 배꼽이 쑥 패어 있고 가슴과 팔에 검은 털이 덥수룩하였으며 엉덩이는 크고 펑퍼짐하여 맷돌짝 같았다. 요즘 이런 체구를 가진 사람은 보기가 매우 힘들고 대다수는 몸이 비쩍 말랐다. 우리 아버지는 50kg도 안 되었고 나에게 비둘기를 선물한 조리천의 다리는 곽일도의 팔보다도 가늘었다. 그런데도 조리천은 손수레에 구멍탄을 만재해서 끌고 다녔다.

곽일도는 생김새가 남달랐고 무술을 연마한 적도 있다고 하였다. 한때 채소 시장의 종업원들이 그를 경비팀 팀장으로 내세운 적 있는데 그때 사람들은 그를 곽일도라 부르지 않고 곽 팀장이라 불렀다. 그 후, 경비팀이 해산돼 곽일도가 팀장 직을 그만두었지만 가끔 그를 곽 팀장이라 부르는 사람도 있었다.

'오리'는 곽일도가 자꾸 어머니에게 행인 장아찌를 달라고 한다고 말하였다. 곽일도는 '오리' 어머니가 담근 행인 장아찌를 유난히 좋아해서 매번 홍성표 과일통조림 공병 하나를 들고 와서 꽉 채워 갔다. '오리'는 곽일도가 싫어서 어머니에게 말한 적 있다. "곽일도한테 행인 장아찌 안 주면 안 될까요? 아빠한테 행인 장아찌……." 그러자 '오리' 어머니는 말하였다. "그건 안 돼. 계속 곽일도한테서 고기를 사야 되잖아. 곽일도가 고기를 하도 먹어 대서 장 속에 지방이 가득해. 행인 장아찌로 지방을 없애지 않으면 자칫 만성 결장염에 걸릴 수 있거든." 우리는 '오리'에게 만성 결장염이 무엇이냐고 물었다. 그는 설사가 심해서 하루에 수십 번씩 화장실을 오락가락하다 나중에 탈수 증세가 나타나는 병이라고 알려 주었다. 우리는 놀라서 와 하고 소리쳤다.

국영 정육점에서 고기를 파는 일은 좋은 직업인바 청진기를 사용하는 의사나 운전대를 잡는 기사와 동급이었다. 요즘은 돼지고기 역시 배급표[14]에 따라 공급하는데 배급표로 한 사람당 한 달에 소량의 살코기와 아주 약간의 기름밖에 살 수 없었다. 특히 집에 아이와 노인 혹은 환자가 있는 경우 기름기가 있는 음식을 가능한 한 더 섭취하고자 고기를 살 때 비계를 많이 사고 싶어하였다. 사 온 비계로 돼지기름을 짜내서 작은 그릇에 부어 모아 두었다가 요리할 때 숟가락으로 살짝 떠서 파와 마늘을 볶아 향을 냈다. 돼지기름을 짜내고 남은 비계 찌꺼기도 버리지 않고 채소와 함께 다져 만두소를 만든 다음 만두를 큼직하게 빚어 먹을 수 있었다. 어머니가 나를 예뻐하였기에 돼지기름을 짜내고 남은 비계 찌꺼기를 그릇에 담아 설탕과 섞은 뒤 나보고 먹으라고 하였다. 그 맛은 얼마나 고소한지 모른다.

●
14 중국 계획 경제 시기 물품을 구입할 수 있는 배급표.

하지만 고객이 비계를 살 수 있을지 없을지 혹은 고객에게 비계를 팔지 안 팔지는 전부 곽일도가 결정하였다.

"다음 분! 얼마 드릴까요?"

곽일도는 고개도 들지 않고 외쳤다.

곽일도는 번뜩이는 큰 칼로 쾅 잘라 내고서 고개를 들어 고객을 슬쩍 본다. 마침 고객과 친분이 두텁거나 그날 그의 기분이 좋으면 칼끝을 옆으로 휙 돌린다. 그러면 백옥처럼 희고 보드랍고 윤기가 흐르는 비곗덩어리는 고객의 몫이 된다.

하지만 그와 생판 모르는 사이거나 그날 그의 기분이 나쁘면 고객은 재수 없다고 자인할 수밖에 없다. 그가 칼끝을 다른 쪽으로 휙 틀면 고객이 산 고깃덩어리에 비계가 한 점도 없었다.

그래서 곽일도의 이름 '일도'에는 주로 다음과 같은 뜻을 함유하고 있다. 고객 삶의 행복과 만족 여부는 곽일도의 한칼에 달려 있다는 것이다.

이는 나름 근거가 있었다. 누군가 곽일도의 한칼로 인해 삶이 매우 불행해졌기 때문이다.

누구일까요?

바로 왕목근이다.

왕목근은 마침내 여자 친구를 사귀게 되었고 여자 친구를 집으로 초대해 집안 식구들에게 인사시켰다. 그는 여자 친구에게 자신이 직접 설계한 결혼용 큰 옷장의 도면을 보여 주었고 여자 친구에게 비계도 대접해 주고 싶었다.

왕목근은 신이 나서 고기를 사러 정육점에 갔다. 그는 곽일도에게 고기 배급표를 건네고서 비계를 좀 잘라 달라고 사정하였다. 그는 집에 귀한 손님이 와서 비계를 대접하는 것이 좋을 것 같다고 하였다. 그는 도마 위의 고기를 가리키며 곽일도에게 자신이 원하는 부분을 알려 주었다.

곽일도는 억지웃음을 지으며 왕목근을 보더니 칼갈이 봉을 들고 칼을 썩썩 갈았다.

왕목근은 옆에 서서 손마디로 고기 도마를 두드리더니 곽일도의 비위를 맞춰 말하였다. "쯧쯧쯧! 이 도마 기가 막히네요! 참나무를 통째로 잘라서 만든 거라 지금은 찾아볼 수가 없잖아요. 조상으로부터 물려받은 거죠……."

하지만 곽일도는 아무런 대꾸도 하지 않았다.

곽일도는 칼날을 날카롭게 간 뒤 쾅 하고 잘라 냈다.

왕목근은 목수가 수직추를 응시하듯 한 눈을 가늘게 뜨고 곽일도의 칼을 응시하였다.

곽일도는 칼로 왕목근이 지정한 부분을 순조롭게 베어 나갔다.

왕목근은 기분이 너무 좋았다. '난 고기를 살 줄 아니까 어느 부분이 비계인지 한눈에 알아보지. 이대로 베어 나가기만 하면 고깃덩어리의 최소한 절반은 기름지고 새하얀 비계일 거다. 어쩌면 비계가 절반이 훌쩍 넘을 수도 있다…….' 그는 생각하였다.

왕목근은 침을 꿀꺽꿀꺽 삼켰으며 눈에서 행복의 빛이 반짝이었다. 마치 행복하고 원만한 삶이 그를 향해 손짓하는 것만 같았다.

그런데 이때 문제가 생겼다.

"앗! 비뚤었다! 비뚤었다!……."

왕목근이 소리쳤다. 곽일도는 번뜩이는 칼로 잘 베아 나가다 비계까지 왔을 무렵 손목을 살짝 틀어 칼끝을 옆으로 휙 돌렸다.

왕목근은 곽일도에게 귀띔해 주려 하였다.

그러나 왕목근의 말이 채 끝나기도 전에 곽일도는 전광석

화의 속도로 신속히 고기를 베어 냈다.

베어 낸 고깃덩어리에 비계가 털끝만큼도 없었다.

왕목근은 이 상황이 당혹스러웠다.

곽일도는 누런 종이 한 장을 집어내서 힘줄과 껍데기가 붙은 새빨간 살코기에 탁 붙였다. 그리고 나서 살코기를 쥐어 왕목근 앞에 훌쩍 던졌다.

왕목근이 막 무엇을 말하려 하자 곽일도가 소리쳤다. "다음 분! 얼마 드릴까요?"

왕목근은 자신이 어떻게 정육점에서 떼밀려 나갔는지도 몰랐다.

왕목근은 하는 수 없이 돌아가서 살코기로 반찬을 만들어 여자 친구를 대접하였다.

결국 왕목근은 여자 친구와 헤어졌다.

왕목근은 여자 친구가 비계를 먹지 못해서 자신에게 이별 통보를 하였다고 생각하니 무척 화가 났다. 왕목근은 노발대발하며 곽일도를 찾아가 따졌지만 곽일도는 거들떠보지 않았다. 화가 단단히 난 왕목근은 벽돌을 주워서 곽일도와 필사적으로 싸우려 들었다. 하지만 왕목근은 무술을 연마한 적 있는 곽일도의 상대가 아니었기에 곽일도에게 늘씬하게 얻어맞고 말았다.

사람들은 바로 이 일 때문에 왕목근이 너무 열받은 나머지 머리가 이상해졌다고 말하였다. 한동안 그는 사람만 만나면 이 일을 들려주었고 언젠가 곽일도의 코를 납작하게 만들겠다며 모질게 말하였다.

누군가 이 말을 곽일도에게 전하자 곽일도는 손마디를 우두둑 꺾더니 웃으며 말하였다. "좋아! 좋아! 기다려 주마."

고객에게 비계를 베어 줄지 말지는 그저 곽일도 권한의 일부에 불과하였고 실제로 그는 큰 권한을 가지고 있었다. 그는 내 비둘기를 덮어씌운 낡은 버들 광주리에 항상 얼마간의 돼지 내장 이를테면 돼지의 심장, 간장, 혀, 폐 따위를 담아 놓았다. 때로는 창자 한 줄 심지어 돼지머리 반쪽도 담겨 있었다. 돼지 내장은 고기보다 싸고 국도 끓일 수 있고 고기묵도 만들 수 있기에 인기 상품이었다. 하지만 돼지 내장은 그와 친분이 있거나 그날 그의 기분이 좋다고 해서 얻을 수 있는 것이 아니었고 그에게 큰 도움이 되는 사람이거나 그의 예비 사돈이어야 되었다. 그의 예비 사돈은 바로 앞서 언급한 닭, 오리, 거위를 기른 적 있는 마씨 아주머니이다. 마씨 아주머니는 채소 시장의 부식품 가게에서 술담배를 판매하였다. 곽일도가 가끔씩 술을 사러 가서 이야기를 나누다가 그녀와 예비 사돈이 되었다. 그녀는 이전에는 말린 고추처럼 비쩍 말랐는데 지금은 공기를 주입한 풍선처럼 둥그레졌다. 둥글둥글한 피망처럼 말이다.

곽일도는 언제나 웃통을 벗은 채 목에 번들거리는 까만 방수 앞치마를 걸고 있었으며 오른손에 번뜩이는 큰 칼을 들고 왼손에 번쩍번쩍 광이 나는 칼갈이 봉을 들고 있었다. 그는 칼갈이 봉에 칼을 썩썩 문지른 다음 쾅 하고 고기 도마를 내리쳤다.

누구도 감히 곽일도를 건드리지 못하였다.

사람들은 곽일도가 무서워서 멀리하였다.

그나저나 내 비둘기가 어떻게 곽일도 손에 걸렸을까?

하얀이 까망이 너희들은 다른 데도 아니고 왜 하필 곽일도 이 백정의 머리에 똥을 쌌니!

비둘기를 돌려받지 못한 우리는 풀이 죽어 곽일도의 정육점에서 나와 이평네 집으로 갔다.

우리는 한바탕 토론한 끝에 하얀이와 까망이가 곽일도에게 잡히기까지의 전말은 대개 이러할 것이라고 생각하였다.

초반에 하얀이와 까망이는 우리 집 지붕 위를 거닐고 있었다. 우리 동네 집들은 전부 허름한 단층집이었는데 집 사이의 간격이 매우 좁았다. 어떤 집들은 박공벽을 공유하고 있고 어떤 집들은 뒷처마가 맞닿아 있었다. 그래서 그들은 손쉽게 이 집 지붕에서 저 집 지붕으로 계속 이동할 수 있었다……. 만약 내가 비둘기라면 하늘에서 내려보면서 헝겊 조각을 다닥다닥 기운 거무틱틱한 보자기가 땅바닥에 깔려 있다고 확신하였을 것이다. 바로 이런 독특한 주거 환경 때문에 내가 이평네 집으로 가서 그림책을 보고 있는 사이 자신들을 단속하는 사람이 없자 그들은 맞닿은 지붕을 따라 점점 멀리 가 버렸다. 나중에 정육점 지붕까지 가게 되었고 거기서 정육점 지붕으로 내뻗은 해묵은 느릅나무의 가장귀로 뛰어올랐다. 마침 곽일도가 느릅나무 밑에서 담배를 피우면서 더위를 식히고 있었다. 그런데 하얀이와 까망이 중 누군가 똥을 싸 버렸다. 비둘기 똥은 공교롭게도 곽일도의 이마에 뚝뚝 떨어졌고 결국 그들은 곽일도에 의해 버들 광주리 안에 갇히고 말았다.

"다 내 탓이야!" 나는 지금 무척 괴로웠다. 나는 '오리', 이평, 공화평을 보며 말하였다. "사람들이 주는 먹이를 다 먹도 고객에게 비계를 베어 줄지 말지는 그저 곽일도 권한의 일부에 불과하였고 실제로 그는 큰 권한을 가지고 있었다.

록 그들을 훈련시키지 않았더라면 좋았을 텐데."

"그러게! 그때 내가 너한테 뭐라 했어? 비둘기는 낯선 사람이 주는 걸 먹어선 안 된다고 했잖아." 이미는 말하였다.

이미를 보았지만 그가 언제 나에게 이런 말을 하였는지 기억나지 않았다.

"분명 내가 말했어." 이미는 확신에 차서 말하였다. "내가 얘기했다니까. 내가 매일 지붕에 올라가 비둘기들이 땅에 내려앉지 못하게 쫓아내는 건 날갯짓을 연습시켜 날개를 튼튼하게 만드는 거라고. 날개가 튼튼해야 오래 날 수 있고 날다가 지쳐서 농지에 내려앉아 먹이를 찾아 먹는 일이 없거든. 비둘기가 자꾸 농지로 날아가 먹이를 먹으면 비둘기는 끝장이야. 언젠가 경작지 주인한테 잡히니까……."

내가 이렇게 심오한 도리를 어찌 알겠는가!

15
친구들이 아이디어를 냈다

나는 하얀이와 까망이가 이렇게 곽일도에게 잡혀 먹히는 것이 너무 원치 않았다.

이미도 마음이 내키지 않았다. 그는 하얀이와 까망이의 새끼를 걱정하고 있었다.

우리는 해결책을 상의하였다.

"아니면 세게 해 보자!" 이평은 말하였다.

"어떻게 세게?"

"밤에 내가 몰래 곽일도네 집에 가서 뭘 고장낼게." 이평은 분개하며 말을 이었다. "지난번에 곽일도가 고자질하지 않았더라면 내가 파출소 경찰한테 잡혀가는 일도 없었을 거야. 난 곽일도네 집을 알아……."

"맞아! 맞아!" 삼평은 말참견하였다. "지난번에 우리 아빠가 형 바지 벗기고 두들겨 패서 댑싸리비 댑싸리가 다 튀어 나갔어. 형이 울고불고했지……."

"꺼져!" 이평은 소리를 질렀다.

"이래선 내 비둘기를 돌려받을 수 없어." 나는 말하였다.

"소용없어!" 이미는 말하였다.

"아니면 내가 가서 비둘기를 훔쳐 올게." 삼평은 아이디어를 냈다. "난 정육점 창살 사이로 들어갈 수 있어. 곽일도 정육점에서 돼지 간을 훔친 적 있어. 부추하고 돼지 간을 볶아 먹으면 얼마나 맛나는지 몰라! 그치? 형!……."

"어디서 감히!" 이평은 남동생 삼평을 발로 찼다.

이미는 어쩌면 시도해 볼 만하다고 말하였다.

"곽일도가 비둘기를 정육점에 두지 않았을 거야. 언녕 집에 가져갔겠지." 군기를 잘 두는 서소걸은 말하였다.

얼마 후 '오리'가 말하였다.

"그럼, 집에 가서 행인 장아찌 좀 달라고 할게……."

"행인 장아찌는 왜?"

"곽일도가 자꾸 우리 엄마를 찾아와 살구씨 장아찌를 달라고 해. 우리 엄마가 그러는데 곽일도가 행인 장아찌로 장 속의 지방을 없앤대. 곽일도가 고기를 하도 먹어서 장 속에 지방이 가득하대. 지방을 없애지 않으면 만성 결장염을 앓을 수 있대……." '오리'는 말하였다.

"체! 곽일도가 모자라지도 않고 왕목근도 아닌데 너희 집 그깟 행인 장아찌 가지고 비둘기 두 마리를 바꾸겠니?……." 서소걸은 말하였다.

"누구보고 그깟 장아찌라는 거니!" '오리'는 못마땅해서 서소걸을 노려보며 말하였다. "어디 다시 한 번 말해 봐!" 누구든 어머니의 요리 솜씨를 비하하면 '오리'는 절대 허용하지 않았다.

"곽일도가 진짜로 만성 결장염에 걸리면 참 좋은데." 탁구를 잘 치는 공화평은 괴상한 표정으로 말을 이었다. "곽일도가 하루에 수십 번씩 화장실을 들락거려……."

"그러다 뒷간에 빠져 버렸으면 좋겠어!" 이평은 말하였다.

"근데 곽일도가 뒷간에 빠질 수 없잖아. 얼마나 뚱뚱한데!" 삼평은 무척 걱정되었다.

"설사를 자주 하면 살이 빠져." 공화평은 삼평을 위로하였다.

"그러다 장작개비처럼 여위었으면 좋겠어!" 삼평은 곰곰이 생각하더니 말하였다.

"젓가락처럼 홀쭉해졌으면 좋겠다!" 이평은 상상력이 더욱 풍부하였다.

"설사하다 그냥 죽어 버렸으면 좋겠다!" 이미는 상상력이 부족하였고 마음이 아주 모질었다.

"제일 이상적인 건 곽일도가 붐비는 공공버스 안에서 화장실에 뛰어갈 겨를도 없이 급작스레 바지에 똥을 싸 버린 거지. 구린내가 진동해서 승객들이 아우성치는 바람에 버스 기사가 그를 곧장 파출소에 데려간 거야. 결국 그는 목에 피켓을 걸고 거리를 돌게 되는데 피켓에……." 서소걸은 턱을 괴고 잠시 생각하더니 말을 이었다. "공공장소오염죄라고 적혀 있지 뭐……."

하하하! 모두들 한바탕 웃어 댔고 나도 참다못해 웃음을 터뜨렸다.

"그럼, 곽일도한테 장아찌 주지 마." 이평은 말하였다.

"근데 내 비둘기는 어떡해?" 나는 말하였다.

'오리'는 정말로 어머니에게로 달려가 장아찌를 달라고 하였다.

하지만 '오리'는 의기소침해서 돌아왔다.

"어머니가 안 주시니?" 서소걸은 물었다.

"우리 엄마가 이런 일에 끼어들지 말래. 또 곽일도한테 가서 고기를 사야 된대." '오리'는 말하였다.

또다시 침묵이 흘렀고 서소걸과 공화평은 이평의 그림책을 펼쳤다.

나는 그림책을 볼 마음이 조금도 없었다. 나는 피가 나도록 계속 손가락을 물어뜯었지만 통증을 느끼지 못하였다.

"해자, 어쩌면 네 비둘기 별일 없을 지도 몰라……." 공화평은 고개를 들고 나에게 말하였다.

"그게 무슨 말이야?" 이미는 물었다.

"곽일도가 막 칼을 꺼내고 보니 네 비둘기들이 이미 누군가에게 구출돼 사라진 거야. 이런 가능성도 있어." 공화평이 본 것은 양산박梁山泊 호걸이 형장에 쳐들어가 송강宋江과 대종戴宗을 구해 내는 『수호전』의 한 대목이었다.

"헛소리하지 마!"

서소걸은 갑자기 후 한숨을 내쉬었다.

우리는 그를 바라보았다.

"내가 마술을 할 줄 안다면 얼마나 좋을까! 마술을 할 줄 알면 마술 모자를 쓰고 거기에 하얀이와 까망이를 집어넣었을 거야. 근데 곽일도가 내 마술 모자에서 꺼낼 땐 참새 두 마리였지 뭐……." 서소걸은 말하였다.

"두꺼비 두 마리를 꺼냈으면 좋겠다!" 공화평은 말하였다.

우리는 아무도 곽일도에게서 비둘기를 돌려받을 좋은 방법을 생각해 내지 못하였다.

저녁때가 되자 이미는 우리보고 집으로 돌아가 다시 생각해 보라고 하였다. 시간이 매우 촉박하였다. 오늘이 목요일이니 일요일까지 사흘밖에 남지 않았다.

어머니는 내가 집에 돌아와서 시무룩해 있는 것을 보고 웬일이냐고 물었다.

나는 어머니에게 하얀이와 까망이의 상황을 알려 주었다.

"그럼 어쩔 수 없지 뭐. 키울 수 없는데 어떡하겠니?" 어머니는 눈살을 찌푸리며 말하였다.

나는 어머니가 도와주지 않을 줄 알았다. 어머니는 워낙 작은 동물을 싫어하였다. 하얀이와 까망이는 우리 집에 온 후 꽤나 말썽을 일으켰다. 어머니는 비둘기가 솥뚜껑에 똥을 싸는 것이 싫다느니 침대 시트에도 비둘기 발자국이 있다느니 옥수수떡에 비둘기 깃털이 붙어 있다느니 하며 여러 번 투덜댔다.

　우리 아버지의 일이 해결되지 않았을 뿐더러 다른 일도 생겨서 요즘 우리 어머니는 기분이 별로였다. 사실, 나에게 남동생이 한 명 있는데 태어날 때부터 머리에 약간 이상이 있었다. 우리 부모님은 남동생을 감당할 수 없어서 외할머니에게 맡겼다. 외할머니는 여기서 멀리 떨어진 남부 지역에 살고 있기에 어머니는 외할머니 댁에 거의 가지 못하였다. 최근 남동생이 갑자기 병에 걸려 어머니가 휴가를 내고 남동생을 보러 가고 싶었지만 어머니의 경우 직장에서 휴가 신청을 허락하지 않았다. 어머니는 어찌나 애가 탔는지 입술이 다 부르텄다. 이 상황에서 어머니가 내 비둘기를 신경 쓸 수 없는 것은 당연지사였다.

　그날 밤, 나는 침대에 누워서 몸을 뒤척이며 좀처럼 잠을 이루지 못하였다. 눈만 감으면 하얀이와 까망이의 모습이 떠올랐다……그들은 날개를 펼치고 아아아 울어 대며 나에게 구나는 그들을 구하러 가고 싶었지만 움직이지 못하게 하는 마법에 걸린 것처럼 도저히 꼼짝할 수 없었다. 나는 속이 타서 소리소리 질렀다……

조 요청을 하였다. 길을 잃은 두 아이가 사람들에게 도움을 요청하는 것처럼 말이다. 그들 뒤에는 웃통을 벗은 덩치 큰 사내가 손에 번쩍이는 큰 칼을 들고 서 있었다……나는 그들을 구하러 가고 싶었지만 움직이지 못하게 하는 마법에 걸린 것처럼 도저히 꼼짝할 수 없었다. 나는 속이 타서 소리소리 질렀다……어머니가 나를 흔들어 깨웠다. 원래는 꿈이었다.

일어나니 또 하얀이와 까망이가 생각났다. 이틀 지나면 그들은 곽일도에게 잡혀 먹는다. 나는 너무 상심하였다.

16
괴상한 일이 생겼다

다음날 어떤 일이 발생하였다.

이른 아침, 나는 또 이미네 집으로 갔다.

하얀이와 까망이가 위태로운 상황이라 집에서는 바늘방석에 앉은 듯 안절부절못하여 집에 있을 수가 없었다.

방금 일어난 이미는 눈을 게슴츠레하게 뜨고 원망부터 하였다. "네 비둘기들을 사람들 손으로 날아가 먹이를 먹도록 훈련시키지 말았어야 돼. 네 비둘기들이 낯선 사람이 주는 걸 먹고 사람을 전혀 무서워하지 않았잖아. 거봐, 거봐, 네 비둘기들이 낯선 사람이 주는 걸 먹지 않았더라면 곽일도한테 잡히지 않았을 거야."

나는 이미의 말에 전혀 수긍할 수 없어서 말하였다.

"너도 하얀이와 까망이한테 먹이를 줬잖아. 넌 우리 집에 오자마자 그들한테 먹이를 줬어⋯⋯."

"난 모르는 사람이라 할 수 없지." 이미는 단도직입으로 말하였다. "하얀이와 까망이가 알을 낳아 새끼 비둘기를 부화하면 새끼 비둘기는 내 거야!"

나는 이미의 말이 너무 귀에 거슬렸다.

이미는 침대 밑으로 기어 들어가 비둘기들을 전부 밖으로 몰아냈다.

침대 밑에서 나온 비둘기들은 엉덩이를 치켜들고 제각기 여기저기에 똥을 무더기로 직직싸 놓았다.

막 침대에서 일어난 이미 어머니는 얼굴이 꾀죄죄하고 머리가 흐트러진 채 아이들에게 밥을 지어 주러 나갔다.

삼미, 사미, 오미는 여전히 침대에서 늘어지게 자고 있었다. 그들의 머리는 모두 아버지가 손수 가위로 잘라 주었는데 이발 솜씨가 서툴러서인지 아니면 이발 기구 때문인지 머리를 가지런하게 자르지 못하였다. 보면 마치 높고 낮게 이어진 언덕 같았다.

이미는 머리에 걸레를 덮어쓰고 침대 밑에서 기어 나왔다. 이미 어머니가 다가와 이미의 엉덩이를 차고는 걸레를 가져가면서 중얼거렸다. "어쩐지 세수 수건을 찾을 수가 없더니……."

침대 밑에서 기어 나온 이미는 손에 아아아 우는 새끼 비둘기를 한 마리 쥐고 있었다. 갓 부화한 새끼 비둘기라 이미가 침대 밑에서 꺼내 주어야만 하였다. 그렇지 않으면 스스로 나올 수 없었다.

이미는 나보고 탄재를 담아다가 비둘기 똥을 덮으라고 하였다.

나는 늑장을 부리며 천천히 하였다.

공화평이 밖에서 뛰어들어 와서 깔깔 웃으면서 호들갑을 떨었다.

"이거 이상해! 이거 이상해……."

이미는 마당에서 비둘기들에게 먹이를 주고 있었다. 비둘기들이 공화평의 소리에 놀라 푸드덕푸드덕하며 정신없이 날아다니자 이미는 화가 나서 공화평에게 발을 날리려 하였다.

그러자 공화평은 재빨리 멈춰 섰다.

비둘기들이 조용해지자 공화평은 잔뜩 들뜬 얼굴로 말하

였다.

"이거 참 이상해!"

"뭐가? 빨리 말해. 비밀스럽게 굴지 말고……." 이미는 말하였다.

그러자 공화평은 당시의 상황을 이야기하였다.

공화평이 채소를 사러 아침 일찍 채소 시장에 가니 곽일도의 정육점 문어귀가 사람들로 시끌시끌하였다. 공화평이 무슨 일인가 해서 달려가 보니 곽일도가 발을 구르며 욕을 퍼붓고 있었다.

곽일도의 모습은 매우 우스꽝스러웠다. 그는 온몸이 흠뻑 젖었고 번들번들한 대머리는 기름투성이었다. 기름이 햇살에 비쳐 오색으로 반짝거렸다. 공화평은 곽일도의 대머리가 꼭 무지개색으로 빛나는 비눗방울 같았다고 하였다.

곽일도의 발 옆에 법랑질이 떨어진 세숫대야와 낡은 빗자루가 하나씩 놓여 있었다.

공화평이 보니 파출소에 이미 경찰까지 도착한 상황이었다. 사건이 발생해서 경찰이 사건 수사를 위해 출동하였다고 공화평은 말하였다.

이미는 그 말을 듣고 신이 나서 얼른 무슨 사건이냐고 물었다.

"정육점 고기 도마가 없어졌대! 도둑맞았대!" 공화평은 웃으며 말을 이었다. "고기 도마를 도둑맞았을 뿐만 아니라 정육점 벽에다 낙서도 가득 해 놓았대."

공화평은 사람들이 이야기하는 것을 들었다고 하였다. 이른 아침 출근한 곽일도는 가게 문이 반쯤 열려 있는 것을 발견하고 의아해서 급히 문을 열었다. 그 순간 문 위에서 물 한 대야가 떨어져 온몸에 물벼락을 맞았고 동시에 낡은 빗자루까지 떨어져 머리를 맞았다. 일이 순식간에 벌어져 그는 욕할 겨를도 없었고 눈을 떠 보니 고기 도마가 사라지고 맞은편 벽이 글자와 그림으로 가득하였다…….

"나중에 파출소 경찰이 우리를 쫓아냈어. 경찰이 사건을 수사해야 되니까……." 공화평은 말하였다.

"가자! 가 보자!"

우리가 서둘러 가 보니 곽일도의 정육점 앞에는 아무도 없었고 문도 잠겨 있었다.

우리가 창문에 붙어서 가게 안을 들여다보니 아니나 다를까 곽일도의 고기 도마는 사라졌고 벽돌 지지대 두 개만 덩그러니 남아 있었다.

그리고 맞은편 벽을 보니 홍백색 분필로 글자를 가득 써 놓았고 그림도 잔뜩 그려 놓았다.

우리가 글을 찬찬히 보니 전부 곽일도를 욕하는 내용이었다. 그림은 돼지 머리나 거북 아니면 사지가 멀쩡하지 않은 난쟁이에 관한 것이었다. 심지어 말로 표현하기 곤란한 그림도 더러 있었다.

우리는 이것을 보고 한바탕 웃었다.

어떤 사람이 고기를 사러 와서 정육점 문이 굳게 닫혀 있는 것을 발견하였다. 우리가 정육점 창문턱에 기대어 있는 것을 보더니 어찌 된 일이냐며 무슨 일이 일어났느냐며 물었다.

"고기 도마가 없어졌어요! 도둑맞았어요!" 우리는 말하였다.

"이런 일도 있다니!" 고기를 사러 온 사람은 납득되지 않아서 고개를 저으며 말을 이어 갔다. "고기 도마를 훔치는 사람도 있구나. 그걸 훔쳐서 무슨 도움이 될까?"

"모르겠어요." 공화평은 말하였다.

또 한 사람이 고기를 사러 왔는데 내가 아는 사람이었다. 그는 바로 산수구동네의 남부병원 의사인데 성은 곡(哭)이고 우리 아버지의 제자이다. 나는 그를 아저씨라 불렀다.

곡씨 아저씨는 정육점 문이 잠겨 있는 것을 보고 나에게 물었다.

"얘, 해자, 왜 문이 잠겨 있니? 곽일도는?"

"고기 도마를 도둑맞았어요!" 나는 대답하였다.

"고기 안 팔아요!" 이미는 말하였다.

곡씨 아저씨는 우리 사이를 비집고 들어와서 창문으로 가게 안을 들여다보며 투덜댔다. "이런 일이 다 있다니! 그럼, 고기를 어떻게 사지? 고기를 사려면 어떻게 해야지?"

나는 곡씨 아저씨가 급해 보여서 왜 그러느냐고 물었다.

"우리 어머니가 입원해서 곽일도가 주겠다고 한 돼지다리 뼈로 어머니한테 고깃국을 끓여 주려구. 근데 곽일도가 보이지 않네. 어머니가 고깃국을 드셔야 하는데 이를 어쩌지?" 곡씨 아저씨는 나에게 말하였다.

곡씨 아저씨는 조급한 나머지 줄곧 손을 비볐다.

"아저씨, 그럼 파출소 가 봐요. 곽일도 거기 있어요." 나는 우리가 창문에 붙어서 가게 안을 들여다보니 아니나 다를까 곽일도의 고기 도마는 사라졌고 벽돌 지지대 두 개만 덩그러니 남아 있었다.

말하였다.

곡씨 아저씨는 서둘러 파출소로 달려갔다.

파출소 경찰은 쉴 새 없이 사건 수사에 착수하였다.

경찰은 현장 조사를 통해 사건의 실마리를 찾아내려 하였을 뿐더러 동네 사람들도 동원해 사건 해결의 단서를 제공하도록 하였다. 이것이 바로 뭇사람의 지혜와 힘으로 용의자가 도망치려 해도 도망칠 수 없게 하는 것이다.

산수구동네 사람들은 각종 단서를 제공해 주었다.

잠결에 혹자는 덜커덩거리는 손수레 바퀴 소리를 들었다고 하였고 혹자는 발자국 소리를 들었다고 하였고 혹자는 기침 소리를 들었다고 하였고 혹자는 거친 숨소리를 들었다고 하였다.

……

하지만 한밤중이라 동네 사람들은 잠결에 소리만 들었을 뿐 실체를 보지는 못하였다.

경찰은 이런 단서는 별 가치가 없다고 판단하였다.

그중 한 가지 단서도 소리만 들었을 뿐 보지는 못하였지만 경찰은 아무래도 조사해 보아야 된다고 생각하였다. 어떤 사람이 눈이 벌개서 파출소로 와서 호소하였다. 이웃이 한밤중부터 거의 날이 밝을 때까지 삐걱거리며 계속 나무를 톱질하는 바람에 온 가족이 밤새도록 잠을 설쳤다고 하였다.

경찰은 사실 여부를 확인하기 위해 그 사람이 안내하도록 하였다.

그 사람이 경찰을 이웃집으로 안내한 뒤 문을 한참 두드려서야 누군가 눈을 비비면서 문을 열어 주었다.

누구였을까요?

바로 목수 왕목근이었다.

17
파출소 경찰이 왕목근을 붙잡았다

파출소 경찰이 문을 한참 두드려서야 왕목근이 문을 열어 주었다. 경찰은 왕목근을 보는 순간 터져 나오는 웃음을 가까스로 참았다. 왕목근은 너무 졸려서 자꾸만 바닥으로 엎어지려 하였고 머리와 얼굴에 혹이 그득하였다. 경찰이 집 안에 들어가 수색한 결과 범인과 장물을 모두 확보하였다.

국영 정육점의 고기 도마는 바로 왕목근의 집에 있었다.

경찰은 왕목근을 파출소로 데려가서 취조하였다.

산수구동네에는 비밀이 없었다. 파출소에서 수사하고 있는 사건 사고도 예외가 아니었기에 우리는 대체 무슨 일이 일어났는지 이내 알게 되었다.

사실, 그날 경찰은 왕목근네 집에 들어가자마자 정육점에서 분실한 고기 도마를 보았다.

하지만 경찰은 처음에 그것이 고기 도마인 줄 몰랐고 그저 문 뒤의 시커먼 그림자 속에서 반짝거리는 커다란 무언가를 발견하였을 따름이었다. '저게 뭐지?' 경찰은 이렇게 생각하면서 다가가 들여다보니 길쭉하고 두꺼운 널빤지였다. 이 특이한 널빤지는 표면이 광이 나고 가운데가 큼직하고 움푹하였다. 경찰은 이 물건이 제법 눈에 익다고 생각하였다. 손가락으로 문질러 보니 발기름이 가득 묻어났고 가까이 대고 냄새를 맡으니 군침이 다 나왔다. 그 냄새는 꼭 끓는 물에 막 삶아서 요리하게 될 큼지막한 삼겹살의 냄새 같았다.

경찰은 이 사건의 진상이 거의 밝혀졌지만 여전히 석연치 않은 부분이 있다고 생각하였다. 경찰은 이 도마가 국영 정육점에서 분실한 고기 도마라고 확신하였지만 크기로 보아서는 온전한 고기 도마가 아니었다. 원래 고기 도마보다 훨씬 좁아서 원래 고기 도마의 일부라고 할 수밖에 없었다.

그럼, 잘려 나간 고기 도마는 어디에 있을까?

잘려 나간 고기 도마를 찾아내지 못해 고기 도마의 원상을 재현하지 못하면 이 사건은 원만히 해결되었다고 할 수 없다. 경찰은 왕목근에게 왜 고기 도마를 파손하였으며 잘려 나간 고기 도마를 대체 어디에 두었느냐고 물었다.

하지만 왕목근은 침대에 비스듬히 누워 또다시 곯아떨어졌으며 코를 요란하게 골았다. 경찰이 왕목근을 한참 흔들었지만 깨우지 못하였다. 간밤에 밤새도록 톱질하였으니 얼마나 피곤하였는지 알 수 있었다.

경찰은 계속해서 수색하는 수밖에 없었다.

경찰은 왕목근 침대 밑의 목재 더미에서 국영 정육점 고기 도마의 일부를 발견하였다. 이 목재는 결혼용 큰 옷장을 짜려고 준비해 둔 목재였다.

경찰은 정신없이 자는 왕목근을 깨워서 파출소로 연행하였다.

잠이 깬 왕목근은 자신이 국영 정육점의 고기 도마를 도둑질하였다고 자백하였다.

경찰은 왕목근의 범행 동기를 파악하고자 그에게 물었다.

"왜 국영 정육점의 고기 도마를 훔쳤어요?"

"큰 옷장 짜는 데 쓰려구요." 왕목근은 손시늉까지 하며 당당하게 설명하였다. "큰 옷장 틀을 짜는 데 딱 막대기 네 개가 모자라요. 이것만 있으면 큰 옷장을 만들 수 있고 그러면 전 장가갈 수 있거든요!"

"단지 이 이유예요? 다른 목적은 없어요? 예를 들어 고의로 파손한다든가……."

"큰비가 내릴 때마다 전……." 왕목근은 혼잣말하였다.

"왕목근 씨, 그만하세요. 그건 저희도 다 알고 있어요!"

"그래서 두 번째 대안을 마련했어요……."

"두 번째 대안은 뭔데요? 애기해 봐요." 경찰은 탁자를 치며 이에 큰 관심을 보였다.

"근데 곽일도가 도마질을 잘 못해서 고기 도마를 망가뜨렸어요. 쯧쯧쯧!" 왕목근은 한숨을 쉬고서 말을 이었다. "곽일도는 일솜씨가 거칠고 칼질이 서툴러서 멀쩡한 나무를 다 망가뜨렸어요. 서랍장 하나를 만들 수 있는 목재인데……."

"그만하라니까요!" 경찰은 소리치더니 또 말하였다. "다른 질문 할게요……."

"아깝다! 아깝다!" 왕목근은 아쉬워서 연신 손을 비볐다.

"그만!" 경찰은 소리를 지르더니 왕목근에게 물었다. "고기

잠이 깬 왕목근은 자신이 국영 정육점의 고기 도마를 도둑질하였다고 자백하였다.

도마 훔친 거 말고 벽에 있는 낙서 그리고 문 위의 물하고 빗자루도 당신이 한 거예요?"

왕목근은 잠시 어리둥절하였다.

"제가 했어요! 제가 했어요!" 왕목근은 연거푸 고개를 끄덕이었다.

"공모자 있어요? 공범 있어요?"

"없어요! 없어요!" 왕목근은 딱 잡아뗐다.

경찰은 참지 못하고 자꾸 웃으려 하였다. 그들이 보기에 왕목근의 머리와 얼굴이 과일 가게의 파인애플 같았기 때문이다. 표면에 작은 혹들이 잔뜩 불거져 나오고 수탉 꽁지 같은 잎이 붙어 있는 파인애플 말이다. 그래서 경찰은 왕목근에게 물었다. "이봐요, 왕목근 씨, 머리하고 얼굴에 있는 혹은 어떻게 된 거예요?"

왕목근은 혹을 긁으며 모기에게 물렸다고 대답하였다.

경찰은 더 이상 질문하지 않았다. 필경 이 사건은 그저 고기 도마를 도둑맞았을 뿐이고 또 되찾았기에 곽일도가 큰 손실을 입지 않았다. 고기 도마가 파손되기는 하였지만 중대 사건으로 칠 수는 없었다. 게다가 왕목근은 정말 제정신이 아니었다. 고기 도마를 훔쳐 큰 옷장 짤 생각을 하다니 장가들고 싶어서 환장하였나 보다. 이런 사람에게 더 물어봤자 가치 있는 정보를 알아낼 리 만무하였다.

왕목근에 의해 파손된 고기 도마는 다시 사람들에게 들려 정육점으로 옮겨졌고 곽일도는 계속 이 도마로 고기를 팔았다.

파손된 고기 도마는 여전히 두 개의 벽돌 지지대 위에 놓여 있었는데 좁고 길어서 마치 낡은 벤치 같았다. 체격이 장대한 곽일도는 여느 때와 같이 손에 큰 칼을 들고 좁고 긴 고기 도마 뒤에 서서 쾅쾅 고기를 내리치며 팔았다. 이 모습은 빨래판에 빨래를 버럭버럭 비벼 빠는 뚱뚱한 이평의 어머니를 연상케 하였다. 곽일도는 기세가 한풀 꺾인 모양이었다.

18
고기 도마는 어떻게 사라졌을까?

사실, 고기 도마 사건은 아직 끝나지 않았다. 아직 보충 설명할 부분이 조금 있다.

고기 도마 사건이 좀 지난 후 어느 날 이평이 나를 찾아와서 할 말이 있다고 하였다.

"무슨 일이야?" 나는 물었다.

이평은 나보고 꼭 비밀로 해야 된다고 하였다. 그는 그동안 말하고 싶어도 참았지만 이제는 도저히 참을 수 없다고 하였다.

"그래. 비밀 지킬게." 나는 말하였다.

"곽일도가 고기 도마를 도둑맞은 거 아직도 기억나?" 이평은 나에게 물었다.

"기억하고말고!" 나는 말하였다.

"누가 벽에다 낙서했는지 아니? 그리고 문 위에 있는 물하고 빗자루……."

"왕목근 아니야?"

"아니야." 이평은 머리를 흔들었다.

"그럼, 누구야?"

"나!" 이평은 의기양양해서 말하였다.

이평은 나에게 고기 도마 사건의 경과를 알려 주었다.

알고 보니 사건의 전말은 이러하였다.

그날, 밤이 깊어 인적이 드물자 이평과 삼평은 정육점에 갔다. 그들은 곽일도에게 복수하고 싶었고 물론 나 대신 혼내 주기 위한 것도 있었다.

이평은 산수구동네의 지리에 훤하였다. 정육점 창문은 유리 한 장이 부족하였지만 쇠창살이 달려 있었기에 곽일도는 유리를 끼워 넣지 않았다. 이평이 유리가 없는 격자 창살 사이로 손을 뻗어 걸쇠를 풀자 창문이 열렸다. 근데 어떻게 창문으로 들어갈까? 창문이 쇠창살로 막혀 있으니까. 앞서 말하다시피 삼평은 곽일도의 정육점에 들어가 돼지 간을 훔친 적 있다고 고백하였다. 삼평은 이평의 도움으로 창문턱에 올라간 다음 머리를 옆으로 돌려 쇠창살 사이로 머리를 들이밀었다. 삼평의 납작한 뒤통수는 쇠창살 사이로 들어가는 데 문제없었으나 코가 약간 문제였다. 삼평이 자신의 코를 누르니 머리가 들어가고 목도 들어갔다. 그는 쇠막대기 사이로 미꾸라지처럼 주르륵 들어갔다.

정육점의 문은 안에서 빗장을 질러 잠그는데 곽일도는 매일 가게 안에서 빗장을 질러 놓고 퇴근하였다. 정육점에 이웃집 쌀가게로 통하는 옆문이 있었는데 퇴근할 때 곽일도는 옆문을 지나 쌀가게 대문으로 나갔다. 삼평이 빗장을 빼어 문을 열자 이평이 정육점으로 들어갔다.

이평은 주머니에서 분필을 꺼내 가로등 불빛을 빌려 정육점 뒷벽에다 낙서하기 시작하였다. 그는 곽일도를 향한 분노를 분필로 쏟아 냈다. 그는 자신을 파출소로 끌고 가서 친구들 앞에서 망신시킨 이 백정을 기름에 튀기고 불에 태우고 때려눕히고 짓밟아서 망측하고 추잡한 악마로 만들고 싶었고 상상 중의 기괴망측한 괴물로 만들고 싶었다. 제일 이상적인 것은 다음날 곽일도가 벽에 있는 낙서를 보고 너무 창피한 나머지 벽에 머리를 들이받아 머리가 찢어지는 것이다…….

이평이 한창 신바람이 나서 그림을 그리고 있는데 갑자기 머리 위에서 시끄러운 소리가 한바탕 들려왔다.

이평은 갑작스러운 인기척에 소스라치게 놀랐다. 그는 자꾸 등골이 오싹하고 온몸에 소름이 돋았고 머리카락이 쭈뼛거렸으며 식은땀이 쫙 났다. '귀신이 나타난 건가?' 그는 생각하였다.

삼평은 으악 하고 비명을 지르면서 이평의 다리를 껴안았다.

쿵 하는 커다란 소리와 함께 시커먼 그림자가 불쑥 나타났다.

이평이 상황을 파악할 겨를도 없이 크고 두툼한 손이 그의 입을 틀어막았다. 그는 소리도 내지 못하고 억지로 삼켰다.

겁에 질려 얼어 버린 이평은 이번에 영락없이 귀신에게 먹힐 것이라고 생각하였다.

"왕목근!" 삼평은 고함을 질렀다.

그러자 왕목근은 손을 놓았다.

이평이 뒤돌아보니 아니나 다를까 왕목근이었다.

두 사람은 잠깐 이야기를 나누었다.

왕목근은 이평에게 어떻게 들어왔느냐고 물었다.

이평이 유리가 없는 격자 창살을 가리키자 삼평이 자랑삼아 말하였다. "제가 먼저 들어왔어요."

왕목근은 후 한숨을 쉬고는 고개를 젓더니 말하였다. "너희들이 여기에 오는 걸 진작 알았더라면 나 혼자 이렇게 고생할 필요가 없었는데. 그냥 너희들 따라 들어가면 되는걸……."

이평도 왕목근에게 어떻게 들어왔느냐고 물었다.

왕목근은 정육점에 들어갈 방법을 오랫동안 연구하였다고 이평에게 말하였다. 그가 보니 정육점은 곽일도에 의해 동물원의 곰 가두는 철재 우리처럼 빈틈없이 막혀 있었다. 거의 절망할 즈음의 어느 날, 그는 부식품 가게 종업원을 도와 쥐를 잡으려고 지붕과 천장 사이의 환기구로 머리를 들이밀어 양쪽을 보았다. 하! 그야말로 목마른 사람에게 물을 주는 격이었다. 알고 보니 일렬로 늘어선 집들의 지붕과 천장 사이 공간은 통해 있었고 집마다 천장에 환기구가 있었으며 동서 양쪽의 박공벽에 출구가 하나씩 있었는데 나무 격자로 출구를 막아 놓았다. 그가 다시 밖으로 나가 박공벽의 나무 격자를 관찰해 보니 확실히 한주먹으로도 부술 수 있었다. 그날 밤, 그는 동쪽 박공벽을 기어올라 나무 격자를 부수고 지붕과 천장 사이의 공간으로 기어 들어갔다.

왕목근은 지붕과 천장 사이의 공간에서 꼼짝 않고 숨어서 때를 기다렸다. 쥐가 주위에서 난리를 쳐도 그는 까딱하지 않았고 벌레가 옷 속으로 기어들어도 미동도 하지 않았으며 모기가 물어도 쫓지 않았다. 그의 머리와 얼굴에 그득한 혹은 바로 이렇게 생긴 것이었다. 그는 일렬로 늘어선 가게에서 사람들이 다 떠날 때까지 계속 기다렸다.

왕목근은 안전한 것을 확인하고는 정육점 천장으로 기어가 환기구에서 뛰어내렸다…….

"아저씨 때문에 간 떨어질 뻔했어요. 귀신이 나타난 줄 알았잖아요!" 이평은 말하였다.

"나도 엄청 놀랐어. 비밀이 새어 나간 줄 알았지." 왕목근은 말하였다.

"근데 여긴 왜 왔어요?" 이평은 또 왕목근에게 물었다.

왕목근은 대꾸하지 않고 가로등 불빛을 빌려 이평이 벽에 그린 그림을 바라보았다.

고개를 갸우뚱한 채 잠깐 보고 있던 왕목근은 흥미로운지 이평의 분필을 가져와서 벽에다 낙서하였다.

왕목근은 낙서가 마냥 즐거웠다.

그러던 도중에 갑자기 창밖의 도로에서 발자국 소리가 들려왔다. 기민한 왕목근이 손가락을 입술에 대고 쉿 하자 그들 세 사람은 시커먼 그림자 속에 웅크리고 앉았다.

이평은 이것이 너무 자극적이었다.

왕목근은 이제는 거의 되었다 싶어서 손에 묻은 분필 가루를 훌훌 털어 내며 말하였다. "우리 중요한 걸 하기로 약속했다!"

"오늘 밤 일은 우리 둘 다 비밀로 해야 돼! 네가 했다고 다른 사람한테 얘기하지 않을 테니까 너도 내가 했다고 다른 사람한테 얘기해선 안 돼!" 왕목근은 이평에게 말하였다.

"비밀 지킬게요!" 이평은 말하였다.

"손가락 걸자!" 왕목근은 말하였다.

이평이 새끼손가락을 내밀자 왕목근이 손가락을 걸었다.

"저도 손가락 걸래요." 삼평이 말하자 왕목근은 삼평과도 손가락을 걸었다.

왕목근은 벽돌 지지대로 다가가 그 위에 있는 고기 도마를 힘껏 들어 올렸다.

고기 도마가 너무 커서 그들은 일단 고기 도마를 문밖에 내놓았다.

"좀 도와줘!" 왕목근은 웅크리고 앉아 말하였다.

이평과 삼평은 왕목근을 도와 고기 도마를 그의 등에 지웠다.

"무겁죠?" 이평은 왕목근에게 물었다.

"무거울수록 좋은 거야!" 왕목근은 숨을 헐떡이면서 말하였다.

왕목근은 고기 도마를 등에 진 채 일어서서 걸음을 옮겼다.

왕목근의 뒷모습을 보니 마치 허리가 굽은 무시무시한 거인 같았다. 그는 무거운 발걸음을 내디디며 차츰 어둠 속으로 사라졌다.

이평도 삼평을 데리고 정육점을 나서려는데 어쩐지 만족스럽지 않았다. 잠깐 생각해 보니 학교에서 치던 짓궂은 장난이 떠올랐다. 이평은 곽일도가 고기를 팔고 나서 손을 씻은 물 한 대야를 삼평보고 반쯤 열린 문 위에 조심스레 올려놓도록 하였다. 그리고 곽일도가 바닥을 쓸었던 낡은 빗자루도 그 대야 위에 올려놓았다.

다음날 아침, 출근한 곽일도는 문이 반쯤 열린 것을 보고 이평도 삼평을 데리고 정육점을 나서려는데 어쩐지 만족스럽지 않았다. 잠깐 생각해 보니 학교에서 치던 짓궂은 장난이 떠올랐다. 이평은 곽일도가 고기를 팔고 나서 손을 씻은 물 한 대야를 삼평보고 반쯤 열린 문 위에 조심스레 올려놓도록 하였다. 그리고 곽일도가 바닥을 쓸었던 낡은 빗자루도 그 대야 위에 올려놓았다.

생각하였다. '웬일이지?'

　달려가 문을 열자…….

　이렇게 대단한 일을 해냈으니 이평은 목젖이 간질간질할 수밖에 없었다.

19

곽일도를 통제할 수 있는 사람을 찾고 싶었다

또 하루가 지났다.

하얀이와 까망이의 목숨이 위태위태하였다.

우리는 또 서소걸네 집에 모였다.

서소걸과 공화평은 군기[15]를 두고 있었다.

"폭탄!"

공화평이 '사령관'으로 서소걸의 '연대장'을 먹자 서소걸은 바로 '폭탄'으로 공화평의 '사령관'을 먹어 버렸다.

●
15 군대의 체제·무기·군기 등을 응용한 중국 장기의 일종.

공화평은 실망이 가득한 얼굴로 군기판을 확 뒤엎어 버리고는 말하였다. "안 놀아! 안 놀아!" 서소걸은 군기를 잘 두었다. 이미가 비둘기왕이자 허풍쟁이이고 이평이 채소를 쟁취하는 데서 강자이고 '오리'가 살구씨 놀이의 일인자인 것처럼 서소걸은 군기 고수이다.

군기를 둘 때 서소걸의 큰 장점은 바로 '폭탄'을 상당히 잘 사용하는 것인데 그 수준은 이미 최고의 경지에 이르렀다.

서소걸은 '대대장'이나 '연대장' 뒤에 항상 '폭탄'을 대동하였다. 누구든 그의 '대대장'이나 '연대장'을 먹으면 그는 즉시 '폭탄'으로 상대방 군기를 먹어 버렸다. 또한 '폭탄'에게 먹힌 운이 나쁜 이 자는 어김없이 '여단장'도 '사단장'도 아니고 적어도 '군단장'이며 어쩌면 '사령관'일 수도 있다. 우리가 서소걸에게 상대방 군기가 '군단장'인지 '사령관'인지 어떻게 알았느냐고 물으면 깍쟁이 서소걸은 절대 알려 주지 않았다. 그래서 우리는 군기 두기에서 서소걸을 이길 수 없었다.

"왜 아무도 곽일도 이 '사령관'을 통제할 수 없을까?" 서소걸은 바닥에서 군기를 주우며 중얼댔다.

"그게 무슨 말이야?" 공화평은 물었다.

"군기로 말하자면 '사령관'이 '군단장'을 관리하고 '군단장'이 '사단장'을 관리하고 '사단장'이 '여단장'을 관리하는데 '사령관'이 아무리 막강해도 '폭탄' 하나면 끝이거든." 서소걸은 말하였다.

서소걸의 말은 우리에게 영감을 주었다. 그래, 설마 곽일도를 통제할 수 있는 사람이 없을라고? 아무리 골칫거리 학생이라도 학교에 그를 단속하는 선생님이 계신다. 코끼리가 제아무리 힘세더라도 쥐가 콧구멍으로 파고들까 봐 두려워한다……

"서소걸 말이 일리 있어. 곽일도가 정말 '사령관'이라 할지라도 그를 통제할 '폭탄'이 있을 거야!" 이미는 말하였다.

"아니면 우리 파출소 가서 신고하자." '오리'는 말하였다.

"소용없어! 파출소에서 이런 건 해결해 주지 않아. 그리고 내 비둘기가 곽일도 머리에다 똥을 잔뜩 싼 건 사실이잖아." 나는 말하였다.

"맞아! 주위 사람들 다 봤어!" 이평은 말하였다.

이 방법 역시 통하지 않았다.

우리 사이에 또다시 침묵이 흘렀다.

이미가 불시에 아 하고 괴성을 지르는 바람에 우리는 깜짝 놀랐다.

"어디 아프니?" 공화평은 이미에게 물었다.

"곽일도를 통제할 수 있는 사람이 생각났어!" 이미는 들뜬 목소리로 말하였다.

"누구?"

"우리 덕혜 이모!" 이미는 말하였다.

"덕혜 이모?"

나는 덕혜 이모를 안다. 바로 이미의 친이모 즉 이미 어머니의 여동생이다.

그렇다! 덕혜 이모는 대단한 인물이라 단연 산수구동네에서 명성이 자자하다.

덕혜 이모는 전기철물회사에 다닌다.

전기철물회사는 정말 좋은 직장이다. 왜냐구요? 이 회사에서 자전거, 재봉틀, 라디오 판매를 책임지고 있으니까요.

이런 물품은 모두 배급표에 따라 공급하였다. 고기 구매와 마찬가지로 자전거를 구매하려면 자전거 배급표, 재봉틀을 구매하려면 재봉틀 배급표, 라디오를 구매하려면 라디오 배급표가 필요하였다. 하지만 배급표는 결코 쉽게 구할 수 있는 것이 아니었다. 일 분기에 한 공장에 배급표가 몇 장밖에 분배되지 않아 열 놈이 죽 한 사발인 격이기에 공평을 기하고자 제비 뽑기로 배급표를 분배하는 수밖에 없었다. 그래서 누가 자전거 특히 봉황, 영구, 비둘기 같은 유명 브랜드 자전거를 한 대 소유하고 있으면 결코 예삿일이 아니어서 사람들의 엄청난 부러움을 샀다. 우리 동네에서 커다란 체인 케이스가 달린 봉황 브랜드 자전거를 타고 다니는 사람은 서소걸의 형 서대걸밖에 없었다. 서소걸네는 친척이 외국에서 거주하고 있었기에 즉 친척이 화교인 관계로 집에 화교 배급표가 있었다. 화교 배급표로 화교 상점에서 자전거를 구매할 수 있었다. 서대걸의 자전거는 바로 화교 상점에서 구매한 것이다. 서대걸 이 녀석은 자전거를 타고 우리 앞을 지날 때면 항상 손잡이의 자전거 벨을 딸랑딸랑 울리면서 쉴 새 없이 체인을 뒤로 감았다. 그러면 커다란 체인 케이스에서 달가닥달가닥 소리가 났다. 그 모습은 무척이나 당당하였다.

　서대걸은 자신의 자전거를 엄청 아꼈다. 그는 매일같이 기름걸레로 자전거를 티끌 한 점 없이 반들반들 광나게 닦았고 자전거 바큇살까지 하나하나 다 닦았다.

우리는 서대걸과 그의 자전거에 대해 납득이 안 가는 부분이 있었다.

산수구동네를 드나들려면 긴 비탈길을 지나야 하였다. 서대걸은 종래로 자전거를 타고 오르내리지 않았고 항상 밀고 다녔다. 우리는 오르막길에서 자전거를 밀고 가는 것은 납득이 갔다. 오리막길에서 자전거를 타면 체인이 끊길 수 있으니까. 하지만 왜 내리막길에서도 자전거를 밀고 갈까? 내리막길에서 자전거가 질주하면 체인 소리가 드르륵드르륵 나고 자전거 벨 소리가 딸랑딸랑 잇달아 울려서 더 당당해 보일 텐데.

"너희들은 자전거에 대해선 문외한이지! 내리막길에선 당연히 자전거를 타면 안 돼. 내리막길에선 브레이크를 누르면서 타야 되는데 그러면 브레이크가 바퀴 림에 닿아. 계속 닿다 보면 림 표면의 전기 도금이 닳아서 림이 누래지고 나중에 자전거가 망가지거든." 서소걸은 말하였다.

"그럼, 네 형은 왜 자전거를 메고 다니니?" 우리는 또 물었다.

"비가 왔으니까. 비가 와서 거리에 물이 고일 수 있잖아. 자전거를 타고 웅덩이를 지나가면 자전거에 물이 튀어 녹슬기 쉬워. 자전거는 녹슬기만 하면 쉽게 망가지거든." 서소걸은 말하였다.

우리는 좋은 자전거 한 대를 소유한 서대걸에게 질투를 느꼈다. 특히 우리 뒤에서 울리는 그의 자전거 벨 소리가 듣기 싫었다. 한번은 그가 방심한 틈을 타서 이평이 자전거 벨 뚜껑 두 개를 다 틀어 갔다. 그는 사라진 자전거 벨 뚜껑이 너무 아까웠다. 그는 간신히 자전거 벨 뚜껑을 구한 후 공장에서 깎아 만든 동그란 쇠붙이로 자전거 벨을 감싸 놓았다. 그래서 이평은 더는 자전거 벨 뚜껑을 가져갈 수 없었다.

그렇다! 그렇다! 덕혜 이모는 우리 동네에서 명성이 높았기에 모두 그녀와 잘 지내고 싶어하였다. 특히 공장에 취직하려는 자녀가 있는 집이나 결혼 계획이 있는 집은 덕혜 이모를 보기만 하면 고분고분한 태도로 달콤한 말을 건넸다. 그들이 자전거나 재봉틀 한 대를 구매하게끔 덕혜 이모가 도와주기 바랐기 때문이다. 어쩌면 곽일도도 덕혜 이모의 도움이 필요할지 모른다. 곽일도 딸이 결혼한다고 하지 않았던가? 하하!

우리는 이미보고 얼른 덕혜 이모를 찾아가라고 하였다.

그러자 이미는 눈을 굴리더니 조건이 있는데 일단 내가 승낙해야 된다고 하였다.

서대걸 이 녀석은 자전거를 타고 우리 앞을 지날 때면 항상 손잡이의 자전거 벨을 딸랑딸랑 울리면서 쉴 새 없이 체인을 뒤로 감았다. 그러면 커다란 체인 케이스에서 달가닥달가닥 소리가 났다. 그 모습은 무척이나 당당하였다.

하얀이와 까망이를 돌려받을 수만 있다면 나는 어떤 조건이든 승낙할 수 있었다.

"말해 봐." 나는 이미를 보았다.

"우리 이모가 비둘기를 돌려받게 되면 일단 나한테 두고 키워야 돼. 알을 낳으면 비둘기를 돌려줄게……." 이미는 말하였다.

알고 보니 이것 때문이었다. 이미의 이런 조건은 불난 틈을 타서 도둑질하는 격이었다. 하얀이와 까망이의 새끼는 필요 없고 본인의 비둘기로 하얀이와 까망이의 알을 부화시킨다는 것이다.

나는 하얀이와 까망이를 돌려받을 수만 있다면 비둘기 알쯤은 괜찮다고 생각해서 이미에게 된다고 하였다.

이미는 곽일도에게서 내 비둘기를 돌려받기 위해 덕혜 이모를 찾아갔다.

나도 언뜻 무언가 생각났다.

이미에게 덕혜 이모가 있으면 나에게 곡씨 아저씨가 있지 않는가!

앞서 말하였듯이 곡씨 아저씨는 병원 의사로 우리 아버지의 제자이다. 곡씨 아저씨는 산수구동네에서 덕혜 이모 못지 않게 환영받았다.

곡씨 아저씨는 산수구동네에 살지 않지만 출근할 때 산수구동네를 거쳐야 하였다. 사람들은 길에서 곡씨 아저씨를 만나면 다 인사를 하였다. 누구나 아플 수 있고 아프면 병원에 가야 되고 병원에 가면 곡씨 아저씨의 도움을 받아야 되기 때문이다. 이를테면 곡씨 아저씨가 다른 의사를 소개해 주기도 하고 대신 접수해 주기도 하고 약을 수령해 주기도 하고 입원하면 병상을 예약해 주기도 하였다. 병원에 가지 않더라도 곡씨 아저씨를 만나 질병에 관해 질문하면 잔병이나 건강에 관한 문제는 금방 해결되었다. 그래서 곡씨 아저씨도 산수구동네에서 알아주는 인물이었다.

곡씨 아저씨는 나에게 잘해 주었다. 그는 나를 보면 항상 친절하게 머리를 쓰다듬어 주었다. 나는 이것이 우리 아버지와의 친분 때문이라는 것을 알고 있었다. 내가 열이 나서 어머니와 남부병원에 몇 번 간 적 있는데 어머니는 매번 곡씨 아저씨를 찾았다. 그때마다 곡씨 아저씨는 우리 대신 이리저리 뛰어다니느라 정신이 없었다.

나는 가끔 혼자 곡씨 아저씨를 찾아갔는데 주목적은 곡씨 아저씨에게서 병가 진단서를 떼기 위한 것이다. 수업을 땡땡이치고 싶을 때 그를 찾아가 병가 진단서를 떼 달라 하면 바로 떼 주었다.

'내가 곡씨 아저씨를 찾아가지 못할 것도 없잖아.' 나는 생각하였다.

어쩌면 곡씨 아저씨가 곽일도를 통제할 수 있을 지도 모른다.

설마 정육점 종업원 곽일도는 아프지 않으려고?

중요한 것은 곡씨 아저씨가 내 비둘기를 돌려받으면 내 비둘기들이 이미 내 집에 남겨져 암탉처럼 알을 낳을 필요가 없다는 것이다.

나는 당장 실행에 옮겼다. 병원으로 달음박질하여 곡씨 아저씨의 진료실을 찾아갔다.

곡씨 아저씨는 책상 뒤에 앉아 환자를 진찰하고 있었고 그의 앞에는 많은 사람들이 줄을 서서 순서를 기다리고 있었다.

내가 사람들 속을 비집고 들어가 곡씨 아저씨를 부르자 그는 고개를 들고 나에게 잠깐 기다리라는 신호를 보냈다.

그래서 나는 진료실 밖에서 기다렸다.

잠시 후, 곡씨 아저씨는 진료실에서 나와 나에게 무슨 일이냐고 물었다.

나는 곡씨 아저씨에게 하얀이와 까망이의 상황을 알려 주었다.

"이 일은 해결하기 어려워." 곡씨 아저씨는 머리를 흔들며 말하였다.

나는 급해서 곡씨 아저씨에게 어떻게든 내 비둘기를 구해 달라고 사정사정하였다.

"알겠어. 그럼, 가서 말해 볼게." 곡씨 아저씨는 말하였다.

"아저씨가 곽일도한테 '앞으로 어디 아프면······.'" 내가 아이디어를 냈다.

"안 돼! 그렇게 말하는 사람 없어." 곡씨 아저씨는 말하였다.

20
곽일도를 통제할 수 있는 '폭탄'은 없었다

나는 초조하게 결과를 기다렸다.

나는 얼마 안 가서 한 번씩 이미에게 달려가 묻곤 하였다. "덕혜 이모가 승낙했어?" "덕혜 이모가 곽일도를 찾아갔어?"

나중에 이미는 말하였다. "뭐가 그리 급해! 우리 이모가 승낙하고말고. 내가 말하는 건 우리 이모가 다 승낙해 줘. 근무 시간에는 안 되고 퇴근길에 정육점에 들러 고기 사면서 곽일도하고 얘기한대. 해자, 두고 봐. 우리 이모는 산수구동네에서 이거잖아." 그는 엄지를 치켜들고 말을 이었다. "이런 일은 우리 이모한텐 누워서 떡 먹기지! 그나저나 우리 약속했다……."

"알겠어. 약속 지킬게." 나는 말하였다.

내 비둘기가 구조될 것이라고 생각하니 자연스레 기분이 좋아져 서소걸을 찾아가 군기를 두었다.

서소걸은 확실히 군기를 잘 두었다. 그는 '폭탄'으로 내 '사령관'을 여러 번 먹었다. 하지만 나는 조금도 화가 나지 않았고 심지어 그보고 '폭탄'을 몇 번 더 사용하라고 말하고 싶었다. 군기의 '사령관'이 꼭 곽일도 같았기 때문이다. 곽일도 이놈은 틀림없이 덕혜 이모 이 '폭탄'에 의해 온몸이 갈가리 찢겨서 죽을 것이다.

우리는 시간 가는 줄 모르고 군기를 두었다. 서소걸이 불을 켜서야 나는 날이 어두워진 것을 발견하였다. '아차! 이미한테 물어본다는 걸 깜빡했구나.' 이렇게 생각한 나는 군기판을 밀어 버리고 이미네 집으로 내달렸다.

이미네 집으로 달려가니 이미가 비둘기들에게 먹이를 주고 나서 비둘기들을 침대 밑으로 몰아넣고 있었다.

내가 불쑥 집 안으로 뛰어드는 바람에 비둘기들은 놀라서 푸드덕대며 막 날아다녔다. 식탁에서 식사하고 있던 이미 아버지는 얼른 손으로 그릇을 가렸다.

이미는 나를 발로 차더니 집 밖으로 끌어냈다.

"어떻게 됐어? 내 비둘기 돌려받을 수 있는 거지?" 나는 희망을 안고 이미에게 물었다.

하지만 나는 이미의 표정을 보자마자 알아차렸다.

이미는 낙담한 표정으로 머리를 흔들었다.

나는 급해서 이미의 옷을 붙잡고 물었다.

"왜? 덕혜 이모도 해결할 수 없어?"

이미는 나에게 경과를 알려 주었다.

이미가 말하기를 덕혜 이모가 퇴근길에 고기를 사면서 곽일도와 비둘기에 대해 이야기하였는데 곽일도가 전혀 들은 척도 안 하였다고 하였다. 그래서 덕혜 이모가 말하였다. "곽일도 씨, 그럼 이렇게 해요. 일단 해자한테 비둘기를 돌려줘요. 이후에 또 자전거, 재봉틀 혹은 라디오 지표가 있으면 당신 몫을 남겨 둘게요." 그러자 곽일도가 말하였다. "전 자전거를 탈 줄도 모르고 재봉틀을 돌릴 필요도 없어요. 거리의 유선 스피커에서 종일 전통극, 노래, 콰이반[16]이 흘러나오는데 제 돈으로 라디오를 사서 전기를 낭비할 필요가 있겠어요!" "따님이

---

16 전통적인 중국 곡예의 설창 문예 중 하나.

결혼……." 덕혜 이모의 말이 채 끝나기도 전에 곽일도는 무섭게 눈을 희번덕거리며 말하였다. "딸을 시집보내는 거지 장가 보내는 것도 아닌데 제가 왜 돈을 보태야죠? 두 녀석은 내게 두었다가 먹는 게 낫죠. 무슨 '혹'이라 했는데……맞다, 하수오. 몸보신에 제격이지!"

"곽일도가 우리 이모한테 사겠느냐며 사겠으면 고기 배급표를 내놓고 그렇지 않으면 다른 사람한테 판다고 했대. 우리 이모 체면을 조금도 봐주지 않았어. 우리 이모 엄청 열받았어." 이미는 볼멘 목소리로 말하였다.

"그럼 어떡해?" 나는 기가 죽어 이미에게 물었다.

이미는 말끝마다 덕혜 이모이다. "근데 우리 이모가 말했어. 곽일도처럼 막무가내인 인간한테 열받는 것은 사실이지만 그렇다고 곽일도하고 얼굴을 붉힐 순 없대. 곽일도는 자전거를 타지 않아도 되고 재봉틀을 돌리지 않아도 되고 라디오를 듣지 않아도 되지만 우리는 고기를 먹지 않을 수 없대. 곽일도 이 인간은 심보가 고약해서 손을 한쪽으로 틀기만 하면 비계가 한 점도 없대……우리 이모가 나를 설득했어. '이미야, 곽일도 저런 인간하고 상대하지 마. 너한테 비둘기가 많으니까 해자한테 두 마리 정도는 줘도 되잖아. 곽일도보고 먹으라 해. 먹고 만성 결장염에 걸리게!'"

"에이!

보아하니 덕혜 이모 이 '폭탄'도 곽일도 '사령관'을 대처할 수 없는 모양이다.

하지만 나에게 아직 희망이 남아 있었다.

나는 날듯이 곡씨 아저씨에게로 달려갔다.

"해자, 어디 가?" 이미가 내 뒤에서 소리쳤다.

나는 그를 신경 쓸 겨를이 없었다.

도로에서 내달렸다.

꼬불꼬불한 길을 빠져나와 길을 건너다 자전거 타고 가는 사람을 부딪쳐 넘어뜨렸다.

발을 헛디뎌 쓰러지는 바람에 입이 흙투성이가 되었다.

하지만 개의치 않고 한달음에 곡씨 아저씨네 집으로 달려갔다.

문을 열고 들어가니 곡씨 아저씨가 식사하고 있었다.

"어, 해자구나. 밥 먹었니?" 곡씨 아저씨는 나를 보더니 말하였다.

나는 대답하지 않고 그저 그를 바라보기만 하였다.

"해결됐어. 해자!" 나는 그가 이렇게 말하기를 바랐다.

"어, 아직 가 보지 않았어……." 하다못해 이렇게 말하기를 바랐다.

하지만 곡씨 아저씨는 내가 제일 원치 않는 표정으로 대답하였다. 그는 그릇을 내려놓더니 이맛살을 찌푸린 채 나를 향해 고개를 저었다.

나는 맥이 쑥 빠졌다.

곡씨 아저씨가 말하기를 고기 사러 정육점에 가서 비둘기를 해자에게 돌려줄 수 있는지 곽일도와 상의하였다고 하였다. 해자는 스승님 자제인데 지금 스승님이 집에 안 계셔서 어머니와 단둘이 사는 것이 너무 안쓰럽다고 곽일도에게 말하였다. 그러자 곽일도는 그것은 자신이 상관할 바가 아니고 그 비둘기들이 자신의 머리에 똥을 잔뜩 싼 것을 주위 사람들이 다 보았으니까 자신은 어쨌든 비둘기를 먹을 것이라고 하였다. 또 곽일도가 말하기를 그건 무슨 하수오라는 비둘기인데 몸보신에 제격이라고 하였다.

"이 사람 참 무식해. 하수오라니! 그래서 내가 하수오는 식물이고 비둘기는 동물이라고 알려 줬지." 곡씨 아저씨는 입을 도로에서 내달렸다.
꼬불꼬불한 길을 빠져나와 길을 건너다 자전거 타고 가는 사람을 부딪쳐 넘어뜨렸다.

삐죽하면서 말하였다.
 곡씨 아저씨가 말하기를 곽일도가 배를 두드리며 동물이든 식물이든 몸보신할 수만 있으면 된다고 하였다.
 "마음이 급해서 곽일도한테 말했어." 곡씨 아저씨는 쓴웃음을 지으면서 말을 이었다. "곽일도 씨, 그럼 이렇게 해요. 앞으로 어디 아프거나 하면 언제든지 저를 찾아와…….' 내 말이 끝나기도 전에 곽일도가 눈을 커다랗게 뜨고 나를 노려보더라." 곡씨 아저씨는 엄지와 검지를 동그랗게 맞붙여 손시늉 하면서 계속 말하였다. "곽일도가 칼로 나를 가리키면서 방금 뭐라 했느냐며 다시 말해 보라고 소리치길래 내가 흥분하지 말라면서 내 말은 누구든 병이나 건강 이상은 피할 길이 없으니……근데 곽일도가 나보고 자신을 저주한다며 감히 자신을 저주하느냐며 난리했어. 그땐 곽일도가 나를 죽일 수 있다는 생각이 들어 질겁해서 재빨리 뛰쳐나왔지. 멀리까지 뛰쳐나왔는데도 곽일도가 뒤에서 가슴을 탁탁 치며 말하는 게 들렸어. 자신은 여태 아픈 적 없고 평생 아프지 않을 테니까 나 같은 안경쟁이 중의사[17]는 필요 없다고."
 곡씨 아저씨는 근시라서 안경을 쓰고 있었다.

곡씨 아저씨는 양손을 펴 보이며 기분이 축 처져서 말하였다.

"해자, 네가 부탁한 일은 해결하지 못했어. 이만큼밖에 해 줄 수 없어. 난 감히 곽일도를 건드리지 못해. 곽일도는 촌놈이고 심보가 못돼서 손만 한쪽으로 틀면 고기에 비계가 눈곱만큼도 없어. 우리 어머니가 편찮아 가지고 곽일도한테서 돼지다리 뼈를 사다가 국을 끓여 몸보신해 주려고⋯⋯."

곡씨 아저씨처럼 인정받는 의사도 아프지 않는 곽일도에 대해서 어쩔 수 없었다.

곡씨 아저씨 이 '폭탄'도 곽일도 '사령관'을 대처할 수 없었다.

나는 풀이 죽어 돌아갔다.

'우리는 자전거를 타지 않을 수 있고 아프지 않을 수 있지만 고기를 먹지 않을 수 없다. 그러니 누구도 곽일도를 이길 수 없다. 곽일도는 '폭탄'도 무서워하지 않는 '사령관'이다. 아무도 가엾은 하얀이와 까망이를 구할 수 없나 보다.' 나는 걸으면서 생각하였다.

17 중국 전통 의학을 전공하여 중국 의약으로 병을 치료하는 의사.

21
나는 내 비둘기를 구할 것이다

나는 현재의 상황에 정말 절망하였다. 하얀이와 까망이가 곧 곽일도에게 먹히는데 누구도 그들을 구해 줄 수 없었다. 아무도 이 흉악한 곽일도를 꺾을 수 없었다.

나는 또 침대에서 밤새도록 엎치락뒤치락하며 별별 이상한 악몽을 꾸었다. 전부 하얀이와 까망이에 관련된 것이었다.

다음날 일어나니 마음이 허전하고 집에서는 마음이 편치 않아서 밖으로 나왔다.

나는 길에서 서소걸을 만났다.

서소걸은 정다운 눈빛으로 나를 바라보았다.

"우리 집에 가서 우리 군기 두자. 해자······." 서소걸은 나에게 말하였다.

"안 가!" 나는 지금 군기 둘 기분이 아니었다.

"'폭탄'을 어떻게 사용하는지 알려 줄게." 서소걸은 나를 끌어당기면서 또 말하였다. "누구한테도 얘기한 적 없어. 장담하는데 다음부터 넌……."

"안 가!" 내가 고함치자 서소걸은 깜짝 놀라 얼른 손을 놓았다. 그가 군기를 두자고 하니 나는 대번에 그 망할 놈의 누구도 통제할 수 없는 곽일도 '사령관'이 생각났다. 서소걸이 이것을 알 턱이 없었다. 어떠한 '폭탄'도 곽일도를 대처할 수 없었다.

나는 계속 걷다가 이평과 마주쳤다.

이평은 나를 보더니 말하였다.

"우리 집에 가서 그림책 보자." 그는 내 기분을 맞춰 또 말하였다. "네가 보지 못한 그림책이 여러 권 있잖아. 아직 돌려주지 않고 그냥 집에 뒀어……."

"안 가!" 나는 지금 그림책을 볼 생각이 없다. 아무리 재미있는 그림책이라도 내 비둘기를 구할 수 없으니까.

나는 계속 걷다가 탁구 치기를 좋아하는 공화평과 마주쳤다.

공화평이 나를 가로막았다.

"옛다!" 그는 바지 주머니에서 탁구공 하나를 꺼내고서 말하였다. "아직 망가지지 않았어. 해자, 가져가서 비둘기 호루라기 만들어……."

나는 공화평을 밀어냈다. 지금 내가 비둘기 호루라기를 가진들 무슨 소용이 있겠는가?

나는 계속 걷다가 '오리'와 맞닥뜨렸다.

'오리'는 나를 툭툭 치며 말하였다.

"해자, 어디 가? 행인 장아찌 절였는데 되게 맛있어! 우리 엄마가 네 주려고 큰 병에 가득 담아 놓았으니까 같이 가지러 가자……." '오리'는 말하였다.

나는 고개를 저었다. 지금은 무엇을 먹어도 입맛이 없다. 피둥피둥한 곽일도 말고는 흥취가 없었다.

여느 때 같으면 이미네 집 앞을 지나는 김에 어김없이 이미네 집에 들어가 비둘기를 구경하였을 텐데 오늘은 발걸음을 재촉하였다. 지금은 이미의 비둘기를 보고 싶지 않았다. 이미의 비둘기만 보면 하얀이와 까망이가 생각났기 때문이다.

후루루……

소리가 갈수록 커졌다.

이미의 비둘기들이 날아온 것이었다.

올려다보았더니 강렬한 햇빛 때문에 눈이 아팠다.

이미의 비둘기 떼가 내 머리 위를 날아가고 있었다.

비둘기들이 날갯짓하면서 아아아 우는 소리도 들렸다.

비둘기 호루라기 소리도 들렸다.

후루루……

바로 이때 내 머릿속에 불현듯 호위화가 떠올랐다. 그날 조리천이 나에게 비둘기를 건네면서 전해 준 말이 생각났다.

호위화가 말하기를 비둘기를 좋아하면 보호해야 되고 나더러 잘 보살피라고 하였다.

나는 한 글자도 빠뜨리지 않고 똑똑히 기억하고 있었다.

호위화!

이때 내 가슴 속에 마치 뻥튀기 기계가 들어 있는 것 같았다. 기계 안에 하얀이와 까망이 그리고 나의 기쁨, 희망, 슬픔이 들어 있었다. 그 안에 또 뒤룩뒤룩 살찐 곽일도와 기름투성이인 낡은 버들 광주리 그리고 이미와 친구들이 들어 있었고 방금 호위화와 그의 당부도 들어갔다. 뻥튀기 기계 안은 꽉 차서 더 이상 들어갈 수 없었다.

뻥튀기 기계는 내 가슴의 타오르는 불길 같은 분노 속에서 빙빙 돌아가고 있었다.

가열될수록 뻥튀기 기계의 압력은 점점 올라갔고…….

펑! 어디선가 폭발이 일어난 것 같았다.

나는 갑자기 큰 용기가 생겼다.

나는 빨갛게 달아오른 얼굴을 문지르고는 냅다 달렸다.

내가 하얀이와 까망이를 구할 것이다!

'폭탄'의 유무는 나에게 중요하지 않았다. '폭탄'이 없어도 나는 내 비둘기를 구할 것이다. 내가 하얀이와 까망이를 구하고 말 것이다.

나는 무작정 앞으로 줄달음쳤다.

나는 내 비둘기를 구할 것이다.

모두 나에게 길을 비켜 주어야 되었다.

누군가 나를 향해 손가락질하였다.

닭 한 마리가 놀라서 담장 위로 날아올랐다.

내가 도로로 굴러온 쓰레기통을 걷어차서 날아갔다.

…….

나는 채소 시장으로 뛰어들어 곧장 정육점으로 향하였다.

사람들이 줄을 서서 고기를 사고 있었다. 내가 줄 선 사람들을 향해 미친듯이 돌진하는 바람에 혹자는 한쪽으로 기울어지기도 하고 혹자는 넘어지기도 하였다.

"얘! 얘! 새치기하지 마! 뒤에 가서 줄 서!" 누군가 소리쳤다.

혹자는 아예 욕하였다.

혹자는 내 팔을 잡아당겼다.

나는 팔을 뿌리쳤다.

나는 잽싸게 사람들을 비집고 고기 도마 앞으로 갔다. 바로 왕목근에게 잘려 버린 빨래판 같은 고기 도마말이다.

'폭탄'에도 끄떡없는 곽일도 '사령관'이 사람들에게 고기를 베어 주고 있었다. 그는 입가에 담배 꽁초를 물고 있었는데 피어오르는 담배 연기 때문에 한쪽 눈을 가늘게 뜨고 있었다.

코앞에서 기척이 나자 곽일도는 눈을 천천히 크게 떴고 고기 도마 앞에 서 있는 나를 발견하였다.

"뒤에 가 줄 서!" 그는 호통쳤다.

"제 비둘기 돌려줘요!" 나는 소리를 질렀다.

"뭐?" 곽일도가 고개를 들자 담배 꽁초가 입가에서 달싹거렸다. "넌 누구니? 바쁜 거 안 보여? 어디서 말썽을 피워! 뒤에 가 줄 서!"

"제 비둘기 돌려줘요!" 나는 목을 꼿꼿이 세우고 고함지르면서 고기 도마 앞에 꼼짝도 않고 서 있었다.

뒤쪽의 사람들은 의견이 분분하였다.

눈을 부릅뜨고 나를 보던 곽일도는 담배 꽁초를 퉤 하며 내뱉더니 느닷없이 웃기 시작하였다. 그 웃음 소리는 마치 오리가 꽥꽥 우는 것 같았다.

곽일도는 껄껄 웃더니 말하였다. "알았다. 동네 앞쪽에 사는 누구라고 했는데……."

"제 비둘기 돌려줘요!" 나는 또 큰 소리로 말하였다.

"또 그 비둘기 두 마리 달라고?" 곽일도는 말하였다.

"당연하죠. 제 비둘기 돌려줘요!"

"야! 야! 근데 그 녀석들이 내 머리에다 똥을 잔뜩 쌌어. 주위 사람들 다 봤다니까!" 곽일도는 괴상한 표정으로 말하였다.

"제 비둘기 돌려줘요!"

"남의 머리에 똥 싸면 안 되지! 누구도 남의 머리에 똥 싸서는 안 돼……."

"제 비둘기 돌려줘요!" 나는 이 말만 되뇌었다. 금방이라도 눈물이 나오려는 것을 꾹 참았다. 이럴 때 울어서는 안 돼! 절대 안 돼!

"허!" 곽일도는 화가 난 듯하였다. "좌우간 돌려주지 않을 거야!" 그는 말하면서 손에 들고 있던 번뜩이는 칼을 고기 도마에 내리쳤다. 칼끝이 고기 도마에 깊숙이 꽂혀서 고기 도마에 오뚝 섰다. 칼은 바람에 펄럭이는 깃발처럼 소리를 내면서 고기 도마 위에서 흔들거렸다.

뒤에서 누군가 비명을 질렀다.

"그거 아니? 내일 그 녀석들을 먹어 치울 거야!" 곽일도는 양손으로 고기 도마를 짚은 채 대머리를 나에게로 내밀더니 담뱃진으로 누레진 이빨을 드러내며 말하였다. "잘 들어! 뼈째 먹어 버릴 거야! 참, 그 녀석들 무슨 비둘기라더라? 무슨 '흑'……."

나는 상대방의 '사령관'과 맞닥뜨린 서소걸의 '폭탄'처럼 쾅 하고 폭발하였다. 참았던 분노를 어떻게 표출해야 할 지 몰랐다. 두 주먹을 불끈 쥐었지만 온몸이 부들부들 떨렸고 관자놀

두 주먹을 불끈 쥐었지만 온몸이 부들부들 떨렸고 관자놀이도 계속 불끈불끈 뛰었다.

이도 계속 불끈불끈 뛰었다. 내가 곽일도의 대머리를 뚫어지게 쳐다보자 그는 나를 놀리기라도 하듯 나를 향해 입을 헤벌리고 있었다. 나는 무언가를 가지고……. 그래, 고기 도마 위의 돼지고기! 하지만 통돼지 반쪽만 한 크기였다……고기 도마 위에서 여전히 흔들거리고 있는 칼이 얼떨결에 내 눈에 들어왔다. 기름때가 잔뜩 묻어 반짝거리는 칼자루는 마치 온몸이 번들번들한 생쥐 같았다. 고양이 앞의 겁에 질린 생쥐말이다. 내가 바로 그 고양이이다! 나는 냉큼 양손을 뻗어…….

22
비둘기와 돼지 간

들리는 것은 온통 비명 소리였다.

누군가 내 허리를 부둥켜안고 끌어당기면서 밖으로 나갔다.

나는 기를 쓰고 몸부림쳤다.

나는 끌려가지 않으려고 발로 버티면서 몸을 낮추었다.

나는 고래고래 소리쳤다.

"제 비둘기 돌려줘요! 제 비둘기 돌려줘요!"

나는 더 이상 참을 수 없어서 눈물을 왈칵 쏟으며 목 놓아 울었다.

누군가에게 끌려 정육점에서 나오자 어떤 지인이 나를 끌고 집으로 향하였다. 내가 발버둥질하며 한사코 가지 않으려는 바람에 옷이 머리로부터 벗겨질 뻔하였다. 나는 울부짖었다. "제 비둘기 돌려받아야 돼요! 제 비둘기 돌려받아야 돼요……."

목청을 높여 떠드는 곽일도의 목소리가 내 뒤쪽에서 들려왔다.

"해자, 빨리 가자! 곽일도가 뛰쳐나와 호되게 두들겨 팰라!" 몇몇 이웃이 급히 말하였다.

"두들겨 패려면 패라고 해요. 제 비둘기 돌려받아야 돼요!" 나는 말하였다.

그들은 사람이 많아 힘이 셌기에 나를 밀치락달치락하면서 집으로 향하였다.

곽일도가 쫓아올까 봐 그들은 나를 데려가면서 뒤돌아보았다.

하지만 곽일도는 쫓아오지 않았다.

그들이 나를 집에 데려다주는 길에 마침 구멍탄을 배달하는 조리천과 마주쳤다. 조리천은 오랫동안 산수구동네에 오지 않았다. 그는 주변 곳곳에 구멍탄을 배달하느라 눈코 뜰 새 없었기에 산수구동네에 자주 오지 못하였다. 이날 그가 산수구동네에 구멍탄을 배달하는 도중에 마침 몇몇 이웃이 나를 집에 데려다주는 것을 보았던 것이다.

조리천은 손수레를 세우고 나를 불렀다.

쳐다보니 조리천이었다. 나는 코끝이 찡해졌고 또 엉엉 울었다.

조리천은 의아해하면서 웬일이냐고 급히 물었다.

몇몇 이웃이 방금 전의 상황을 조리천에게 알려 주었다.

나는 울면서 조리천에게 하얀이와 까망이의 상황을 알려 주었다.

조리천은 미간을 찌푸리면서 우리의 말을 듣고 나서 잠깐 말이 없었다. 잠시 후, 그는 나를 토닥이면서 울지 말고 어서 귀가하라고 하였다.

그래서 나는 집으로 돌아갔다.

산수구동네에서 발생한 일은 빠르게 퍼져 나갔고 얼마 지나지 않아 친구들이 나를 보러 달려왔다.

이평이 맨 먼저 왔다.

이평은 문에 들어서자마자 고함질렀다. "와! 해자 너 보통이 아닌데! 우리 동네에서 너 말고 누구도 감히 눈을 부릅뜨고 곽일도를 노려보지 못해. 너 간이 배 밖으로 나왔어⋯⋯."

서소걸도 왔다.

"해자 너 정말 장난이 아니야!" 서소걸은 문에 들어서자마자 나를 향해 엄지를 치켜들었다. 그는 주머니에서 군기를 꺼내고는 말하였다. "자, 해자, 우리 군기 두자. '폭탄'을 어떻게 사용하는지 알려 줄게⋯⋯."

'오리' 서선명도 나를 보러 왔다.

'오리'는 행인 장아찌 한 병을 들고 와서 나보고 죽에 곁들여 먹으라면서 말하였다. "굉장히 맛있어! 적어도 옥수수떡 하나는 더 먹을 수 있어!"

이미도 왔다.

이미가 문에 들어서자마자 주먹으로 내 가슴을 한 대 치는 바람에 나는 몸이 휘청하였다.

"해자, 정말 널 그렇게 안 봤어. 네가 모범생이라서 선생님 친자식이라고 생각했어. 네가 겁 없이 곽일도한테 달려들 줄이야!" 이미는 말하였다.

"그런 게 아니고⋯⋯." 나는 말하였다.

"해자, 그럼 이렇게 하자. 이제부터 하얀이와 까망이를 생각하지 마. 내 봉관비둘기가 곧 알을 낳으니까 새끼 비둘기를 부화하면 너한테 줄게. 사실, 내 봉관비둘기는 두미혹비둘기보다 훨씬 좋아……." 내 말이 끝나기도 전에 이미가 말하였다.

봉관비둘기 한 쌍은 이미가 무척 좋아하는 비둘기이다. 그들은 머리에 깃털이 한 움큼 꼿꼿이 세워져 있어 마치 피어난 한 떨기 국화처럼 매우 아름다웠다. 하지만 나는 봉관비둘기를 가지고 싶지 않았고 그저 하얀이와 까망이 생각뿐이었다.

저녁에 우리 어머니가 퇴근해서 돌아왔다.

다른 사람에게서 내가 벌인 일을 들은 어머니는 매우 언짢은 표정을 지으면서 가방을 내려놓더니 나를 꾸짖었다. "얼마나 위험한데! 어떻게 곽일도를 건드리니!"

"누가 곽일도보고 내 비둘기 뺏으래!" 나는 말하였다.

어머니는 나를 힐끔 보더니 고개를 저었다.

"네가 이 지경으로 만들었으니 이후로 비계를 살 수 없잖아. 비계를 사지 못한다고……." 어머니는 밥을 지으면서 계속 툴툴거렸다.

그날 저녁, 내가 전혀 예상치 못하였던 일이 발생하였다.

날이 어두워지지 않았을 무렵, 막 저녁을 먹고 났는데 밖에서 누군가 나를 부르는 소리가 들렸다.

어른의 목소리였다.

'누구지?' 나는 생각하였다.

나가 보니 조리천이었다. 그는 구멍탄을 실은 손수레 앞에 서서 빙그레 미소를 지으며 나를 향해 손을 흔들었다.

나는 그에게로 다가갔다.

조리천은 손에 점심 포장용 꽃무늬 가방을 들고 있었는데 가방이 불룩하였다. 그는 나보고 가방 안에 무엇이 들었는지 맞혀 보라고 하였다.

나는 지금은 맞힐 마음이 없어서 그냥 머리를 흔들었다.

조리천은 하하 웃더니 말하였다. "옛다, 가져!"

조리천은 나에게 가방을 넘겨주었다.

넘겨받아 보니 가방 안에서 무언가 움직이고 있었다.

나는 가슴이 쿵쿵 뛰었다.

서둘러 가방을 풀었다.

제가 뭘 봤을까요?

비둘기 두 마리!

하얀이와 까망이!

나는 참으로 기쁘기 그지없었다.

"기쁘지?" 조리천은 내 코를 살짝 긁더니 말을 이었다. "방금까지만 해도 눈물범벅이더니. 바보같이!"

나는 멋쩍게 웃었다.

"근데 말이야." 조리천은 엄숙한 어조로 말하였다. "어제 네가 그 칼을 잡지 못했으니 망정이지. 일이 커졌을지도 몰라……아무래도 아이니까 전혀 경중을 몰라!" 그는 손가락으로 내 이마를 살짝 찌르고는 또 말을 이었다. "이후엔 잘 생각하고 행동해야 돼. 부모님 속 썩이지 말고. 들었지?"

"네." 나는 고개를 끄덕이며 대답하였다.

"곽일도가 어떻게 아저씨한테 비둘기를 줬어요?" 나는 문득 무언가 생각나서 물었다.

조리천은 대답하지 않았다. "참,……." 그는 돌아서서 손수레에서 기름이 번지르르한 종이 봉지 하나를 꺼내 나에게 내밀었다.

조리천은 나에게 펼쳐 보라는 신호를 보냈다.

펼쳐 보니 뜻밖에도 조그마한 돼지 간 한 조각이었다.

"곽일도가 너한테 주래. 가서 엄마보고 볶아 달라 해서 먹나가 보니 조리천이었다. 그는 구멍탄을 실은 손수레 앞에 서서 빙그레 미소를 지으며 나를 향해 손을 흔들었다.
나는 그에게로 다가갔다.

으렴." 조리천은 웃으며 말하였다.

"왜요? 도대체 어떻게 된 거예요?……" 나는 도무지 이해가 되지 않았다.

"시간 날 때 알려 줄게. 아직 두 집 배달해야 돼. 잊지 말고 나중에 가방 돌려줘." 조리천은 나를 향해 손을 흔들더니 손수레를 끌고 떠났다.

나는 의문투성이인 채로 집으로 돌아왔다.

집 안을 치우고 있던 어머니가 누가 불렀느냐고 물어서 나는 조리천이라고 대답하였다. "이거 봐요." 나는 어머니에게 가방 안에 있는 비둘기를 보여 주었다.

어머니는 안도의 한숨을 길게 내쉬고는 말하였다. "참 천만다행이군……."

하얀이와 까망이는 가방 안에서 심하게 몸부림쳤으며 동글동글한 눈에서 공포의 빛이 반짝이었다.

나는 가방 안에서 재빨리 하얀이와 까망이를 꺼냈다.

하얀이와 까망이의 모이주머니를 눌러 보니 홀쭉하였다. 보아하니 곽일도가 그들에게 먹이를 전혀 주지 않은 듯하였다.

나는 하얀이와 까망이를 조심스레 땅바닥에 내려놓았다.

그들은 활기가 없어 보였고 깃털도 윤기가 떨어졌으며 그저 한자리에 꼼짝 않고 서 있었다. 그 모습은 마치 잘못을 저지른 두 아이 같았다.

나는 서둘러 찬장의 질항아리에서 녹두를 한 줌 집어 땅바닥에 좌르르 흩뿌렸다.

나는 하얀이와 까망이가 다가와 맛나는 녹두를 먹도록 쭈쭈쭈 하고 불렀다.

하지만 하얀이와 까망이는 나를 올려다보고 또 주위를 둘러볼 뿐 움직이지 않았다.

내가 비둘기에게 녹두 먹이는 것을 우리 어머니가 보게 되었을 때 평소대로라면 분명히 언짢아하였을 텐데 오늘은 한마디도 말하지 않았다.

하얀이와 까망이는 몸을 바짝 밀착한 채 나를 쳐다보기만 할 뿐 주춤거리면서 앞으로 나아가지 못하였다. 그동안 그들은 얼마나 무서웠을까? 망할 놈의 곽일도! 나는 쭈쭈쭈 부르는 한편 그들을 향해 손을 흔들면서 격려해 주었다. "무서워하지 마! 무서워하지 마! 이젠 괜찮아. 다 지나갔어……."

드디어 하얀이와 까망이는 결심한 듯 서로 슬쩍 보더니 날개를 펴고 아아아 울면서 달려왔다. 그들은 땅바닥에 흩뿌려진 녹두를 쪼아 먹었다.

나는 기분이 무척 좋았다.

나는 그 돼지 간을 어머니에게 건네면서 곽일도가 준 것이라고 하였다.

그러자 어머니는 깜짝 놀라 연신 고개를 저었다.

도대체 무슨 일이 발생하였는지 아무도 몰랐다. 안하무인인 곽일도가 왜 돌연 나에게 비둘기를 돌려주고 돼지 간까지 얹어 보냈을까?

나도 무슨 상황인지 갈피를 잡을 수 없었다.

23
구성진 비둘기 호루라기 소리가 울려 퍼졌다

어쨌든 이 일은 좀 수상쩍었다. 당시 나는 정말로 화나서 눈이 벌게지고 정신도 얼떨떨해져 손에 잡히는 대로 휘두를 생각이었다. 아무리 그렇다 해도 곽일도가 나에게 겁먹어서 순순히 비둘기를 돌려주고 돼지 간까지 얹어 주지는 않을 것이다. 차분히 생각해 보면 아직도 무서운 생각이 든다. 내가 어떻게 곽일도하고 싸울 생각을 했을까? 이건 미친 거지. 고작 이 꼴로? 고개를 숙여 내 가슴을 내려다보니 그야말로 곽일도 고기 도마 위의 갈빗대 같았다. 곽일도가 손가락만 까딱해도 장작개비처럼 마른 나를 죽사발 만들 수 있었다. 곽일도는 왜 비둘기를 돌려주고 돼지 간까지 얹어 주었을까?

이 일은 참으로 어딘가 수상하였다.

나는 조리천을 찾아서 똑똑히 물어보고 싶었다.

이미가 또 나를 찾아왔다.

이미는 하얀이와 까망이를 무척이나 걱정하고 있었다. 이미가 그들을 걱정하는 마음은 전혀 나 못지않은 것 같았다.

정성껏 챙겨 먹인 덕분에 하얀이와 까망이는 활력을 많이 되찾았다. 그들은 더는 막 돌아왔을 때처럼 주눅 들거나 의기소침하지 않았고 다시 이전처럼 겁 없이 사람을 쫓아다니면서 먹이를 달라고 하였다. 깃털도 마치 백화점 진열대에 놓인 새 구두처럼 반들반들 윤이 났다.

이미는 하얀이와 까망이를 보고는 입이 함박만 해졌다.

이미는 나를 툭툭 치더니 주머니에서 무언가를 꺼내 나에게 주었다.

와! 알고 보니 비둘기 호루라기였다.

크고 작은 대통 두 개를 연결시켜 만든 쌍음 비둘기 호루라기였다.

나는 비둘기 호루라기를 입에 댄 채 입을 삐죽 내밀고 혹 하고 힘껏 불었다.

비둘기 호루라기 소리가 구성지게 울려 퍼졌다.

이미 비둘기들이 내 머리 위로 날아가고 있었다. 후루루……

나는 또 비둘기 호루라기를 불었다. 후루루……

후루루……

하늘과 땅의 비둘기 호루라기 소리가 어우러져 한바탕 울려 퍼졌다. 그때 내 심정은 참으로 이루 형언할 수 없었다.

이날 나는 거리에서 조리천을 만났다.

"아저씨!" 나는 조리천을 불렀다.

조리천은 손수레를 세우고 수건으로 얼굴의 땀을 닦았다.

"여쭤볼 게 있어요. 아저씨!"

나는 며칠 동안 품고 있었던 의혹을 그에게 말하였다.

그러자 조리천은 하하 웃었다. 그의 이는 정말 눈부시게 하얬다.

"내가 잘 타지 않는 구멍탄을 갖다줄까 봐 곽일도가 두려웠겠지 뭐." 조리천은 담담하게 말하였다.

"잘 타지 않는 구멍탄?"

나는 조금 이해가 될 것 같았다.

곽일도는 고기를 팔고 덕혜 이모는 자전거와 재봉틀을 팔고 곡씨 아저씨는 환자를 진료하고 조리천은 구멍탄을 배달한다. 석탄 가게도 나름대로 우세가 있었다.

석탄 가게에서 구멍탄을 만들 때 탄가루에 황토를 섞는데 황토의 양은 노하우가 필요하였다. 황토를 적게 섞으면 구멍탄이 부서지기 쉽고 많이 섞으면 구멍탄이 잘 타지 않기에 딱 맞게 섞어야 잘 탄다. 이것은 이미네 집에서 알탄을 만드는 것과 비슷하였다.

구멍탄 배달도 신경 써야 할 부분이 있었다. 채 마르지 않은 구멍탄을 배달하면 때기 힘들었다. 눅눅한 구멍탄은 잘 타지 않는 것은 물론 때기도 전에 부서질 수 있었다.

곽일도는 구멍탄을 사서 때는데 잘 타는 구멍탄을 샀으면 하였다. 그는 황토가 더덜없이 잘 섞인 벽돌처럼 잘 건조된 구멍탄을 사서 훙사오러우[18]를 만들고 싶었다.

"고기를 사러 오면 비계를 베어 줄게요." 곽일도는 조리천에게 말하였다.

---

18 껍질 있는 삼겹살에 각종 조미료를 넣고 만든 조림.

"전 육식하지 않아요." 조리천은 고개를 저으면서 말하였다.

"그럼, 돼지 내장 한 뭉치 남겼다가 줄게요. 고기묵을 쑤어 먹으면 정말 맛이 좋아요." 곽일도는 말하였다.

"전 채식해요." 조리천은 말하였다.

그러자 곽일도는 별수가 없었다.

조리천은 공정하고 원칙적이고 성실하였기에 이제껏 곽일도를 난처하게 한 적 없었다. 하지만 이번에 곽일도가 내 비둘기를 먹으려는 것을 알게 된 후 화가 치밀어 견딜 수 없어 곽일도를 찾아간 것이었다.

'비둘기를 먹고 안 먹고는 별거 아니지만 구멍탄 배달원 조리천의 심기를 불편하게 해서 맨날 황토가 많이 섞인 눅눅한 구멍탄을 배달하면 나만 골탕 먹게 된다.' 곽일도는 아마 이렇게 생각하였을 것이다.

그래서 곽일도는 조리천에게 비둘기를 돌려주었던 것이다.

알고 보니 곽일도를 통제할 수 있는 사람이 없는 것이 아니었다. 사실, 곽일도 '사령관'을 대처할 수 있는 '폭탄'이 있었는데 바로 조리천이었다.

"이 일은 내가 방관할 수 없지. 호위화 기억나? 그가 나보

나는 비둘기 호루라기를 입에 댄 채 입을 삐죽 내밀고 훅 하고 힘껏 불었다.

고 너한테 전하라는 말 기억나?" 조리천은 나에게 물었다.

"당연히 기억하죠!" 나는 말하였다.

조리천은 내 어깨를 토닥이었다.

"그나저나……." 조리천은 또 나에게 말하였다. "곽일도가 너 배짱 있대. 여태껏 자기한테 겁 없이 그걸 휘두르려는 사람은 네가 유일하대." 곽일도가 대야에서 돼지 간 한 조각을 잘라 조리천에게 주면서 가는 길에 우리 어머니에게 가져다주라고 하였다. 돼지 간 반찬을 나에게 해 주라면서 자신은 언제까지나 나 같은 사람이 마음에 든다고 하였다.

얼마 지나지 않아 우리 어머니는 휴가를 얻었고 남동생을 보러 가게 되었다. 어머니는 이번에 외할머니 댁에 한동안 머무를 예정이었다. 나 혼자 집에 두는 것이 마음에 걸려 외할머니 댁에 데려갈 생각이었다.

나는 가기 싫었지만 이 상황에서 어머니의 뜻을 거역할 수 없었다.

그래서 나는 하얀이와 까망이를 한동안 이미에게 맡겨 키우기로 하였고 비둘기장도 이미네 집에 옮겨 놓았다.

이미는 너무 기뻐서 비둘기장을 안고 입을 다물지 못할 정도로 웃었다.

　이미는 나보고 안심하고 다녀오라고 하였다. 자기가 꼭 대신 잘 키울 테니 오래 머물러도 괜찮다면서 하얀이와 까망이가 알을 낳으면…….

　이미의 눈에 내 비둘기는 그야말로 알을 낳는 암탉이다.

　이미는 또 남부 지역의 대나무가 좋으니 비둘기 호루라기를 만들게 돌아올 때 하나 가져다 달라고 하였다.

　하연이와 까망이는 비둘기장의 작은 문으로 머리를 내밀더니 눈을 동그랗게 뜨고 나를 바라보았다. 그들은 우리가 한동안 헤어져야 한다는 사실을 아직 모르는 것 같았다. 나는 그들의 머리를 쓰다듬고는 서둘러 떠났다.

후기

나의 아동 문학 창작은 나의 직업과 연관이 있다. 나는 1976년에 제대한 후 출판사에서 근무하였다. 처음에는 배우면서 아동 잡지를 편집하였고 나중에는 또 도서를 편집하였다. 나는 처음에 출판사 문예 편집실 산하 아동 편집팀에 소속되었는데 그 후 아동 편집팀은 아동 편집실로 되었으며 나중에는 출판사로 승격하였다. 나는 아동 도서 편집에 관심이 있었지만 자신의 단점도 발견하였다. 1980년대부터 나는 아동 문학을 배우면서 소설과 동화를 쓰기 시작하였고 일부 작품도 출판하였다. 지금 와서 작품들을 다시 보니 형편없었고 수도 적어서 후회되기도 한다. 어떤 친구가 나보고 다시 소설을 내보라고 하였지만 더 이상 망신당하기 싫어서 거절하였다.

출판사 사장직을 맡다 보니 평소에 업무가 좀 바빴고 또 착실하고 성실하게 일하고 싶어서 창작을 제쳐 두었다. 나는 자신의 이런 아동 문학 창작 경력에 감사한다. 나는 아동 문학 관련 책을 적잖게 읽었고 많은 아동 문학 작가와 친구가 되었으며 아동 문학과 아동 도서에 대한 집념이 점차 형성되었다. 나는 아동 문학에 대한 사랑과 흥미, 이렇게 생긴 출판사를 발전시키고 아이들을 위해 봉사하겠다는 이념 그리고 귀중한 자원을 일터로 가져와서 동료들과 공유하였다. 우리 출판사는 아동 문학 분야의 작품을 많이 출판하였고 활력이 넘쳤으며 죽순 크듯 쑥쑥 자라 풍성한 결실을 맺었다. 이에 대해 나는 자부심을 가졌고 고맙게 생각하였으며 이상을 키워 주고 즐거움을 가져다준 아동 문학이 너무 감사하였다.

    2009년에 나는 작가협회로 전근하여 근무하게 되었는데 처음에는 좀 막막하였다. 30여년간 해 온 아동 도서 편집을 이제부터 더는 할 수 없게 되었으니 집념이 있어도 어쩔 수 없었다. 나는 상심하였지만 곧 이는 하늘이 준 기회이고 나와 아동 문학의 인연은 다하지 않았으며 편집은 할 수 없어도 다시 글을 쓸 수 있다는 것을 깨닫게 되었다. 2010년 10월 19일에 첫 글자를 썼던 기억이 난다. 당시 내 생일이 임박하였기에 똑똑히 기억하고 있다.

창작을 재개한 후 나는 줄곧 동화 창작에 몰두하였다. 왜냐하면 창작 초기에 동화 창작을 가장 많이 시도하였고 또 동화 창작이 상상력과 유머에 대한 나의 표현 욕구를 더욱 만족시킬 수 있다고 생각하였기 때문이다. 그리고 지금은 그때보다 더 많은 훌륭한 동화 작품을 읽을 수 있고 더욱 많은 본보기가 있어 본받을 수 있다. 동화 창작은 나에게 아주 많은 즐거움을 가져다주었다. 내가 창작을 재개할 때 나이가 좀 많았는데 이것은 약점이지만 장점이기도 하였다. 그 이유 중 하나는 생활이 나에게 제공한 소재가 젊은 작가들보다 좀 더 풍부한 것 같았기 때문이다.

그래서 나의 동화 창작의 대부분 내용은 나의 생활 축적을 활용하였다. 나는 의식적으로 이렇게 하였는데 이런 방식으로 장점을 살리고 단점을 피하여 나의 동화 작품의 분별력을 높이었다. 우리 세대는 어려운 세월을 겪은만큼 우리의 삶에 그 흔적이 많이 남아 있다. 나는 농촌에서 생활한 적 없지만 여러 방식을 통해 경험한 농촌 생활은 인상적이었다. 예를 들어, 당시 학교에서 학생들을 조직하여 농촌으로 내려가 밀을 수확하고 가뭄을 대처하였으며 어르신들을 초청해 '쓰라린 지난날을 회상하고 오늘의 행복을 소중하게 생각한다'[1]에 관한 이야기를 들려주었는데 종종 농촌에 관한 이야기였다.

그리고 우리 아버지는 고향이 농촌이었는데 나와 남동생을 정기적으로 농촌에 보내 그곳에 사는 가족들을 찾아뵙고 문안을 드리게 함으로써 자신이 가족들과 함께하지 못한 부족함을 메웠다. 군 복무 시절, 나는 사람에서 환경, 생활의 사소한 부분에 이르기까지 농촌과의 접촉이 더욱 많았다. 그래서 나의 작품에 농촌의 흔적이 아주 많다. 나는 도시 곳곳을 돌아다닌 적 있고 친구도 각양각색인데 이것을 모두 나의 동화 속에 녹아들도록 하였다.

하지만 나는 다소 불만족스러웠다. 나는 더욱 직접적으로 내가 익숙한 생활을 쓸 수 있다고 생각하였다. 게다가 이 시기에 잘 아는 많은 작가 친구들이 자신의 어린 시절을 묘사한 아주 훌륭한 작품을 써 냈다. 그들도 내가 어린 시절을 쓰도록 격려해 주었다. 나는 그들의 작품을 꼼꼼히 읽었다. 그들의 작품은 나로 하여금 사색하게 하였고 결국 이 작품을 쓰게 되었다.

---

1 덩시아오핑鄧小平「전군정치실무회의 연설」에서 나옴.

후기

 이 소설의 내용은 내가 살아온 삶의 일부로 소설에서 묘사한 일과 인물 이를테면 비둘기 기르는 사람, 알탄 만드는 사람, 채소 건지는 사람, 목수 심지어 손톱을 이상하게 만들어 살구씨를 튕기는 사람, 이에 대해 나는 모두 매우 익숙하였다. 그래서 필을 들었을 때 그들이 전부 내 머릿속에서 튀어나왔다. 정육점 종업원 곽일도는 나로 하여금 우리 동네의 훈툰[2] 장수를 생각나게 하였다. 사람들은 그를 황 뚱보라고 불렀는데 그 시절에는 보기 드물게 몸무게가 족히 150여 kg이나 되었다. 그는 너무 뚱뚱해서 일반 자전거를 타지 못하기에 세발자전거를 타야만 하였다. 그 시절에는 무엇을 사든 배급표를 사용해야 되었는데 우리 연령대 사람이라면 다 경험해 보았기에 아직도 기억에 생생하다. 그때 사람들은 나름의 사회관계망 속에서 살면서 각자의 방식으로 생존 환경을 조성하였다.
 내가 말하고 싶은 것은 삶이 아무리 가난하고 어려워도 아이들에게는 나름의 즐거움이 있다는 것이다. 아이들은 일상에서 즐거움을 발견하였을 뿐만 아니라 그들의 부모 세대와 생

---

2 물만두 비슷한 중국 전통 음식.

활 환경에서 선량, 우애, 상부상조, 의기義氣, 정의감을 이어받고 수용하였다. 물론 아이들에게 그 시절 불가피한 약간의 악습도 존재하였는데 이것은 종종 한 소년을 평생 따라다녔다. 어떤 것은 그 환경과 시절을 떠나면 다시 얻기 힘들다. 나는 그 시절 그들 속에서 생활하였는데 우리 세대는 정교함과 낭만이 부족하였지만 그 환경 속에서 다른 것을 얻었고 그것으로 우리는 앞으로 나아갔다. 나는 지금도 여전히 이 사람들과 연락하고 있고 그들과 함께 있으면 너무 즐겁다.

나는 소설을 다 쓰고 나서 몇몇 친구에게 보여 주었다. 그들은 나에게 격려를 많이 해 주었고 적절한 의견도 어느 정도 제시해 주었다. 팡웨이핑方衛平 선생님은 나의 회의 참석을 허락해 주었고 유명한 훙러우에서 일부러 회의를 열어 아직 출판되지 않은 나의 작품에 대해 연구 토론하도록 하였다. 회의에 참석한 분들과 일부러 온 친구들은 열성적으로 발언하였으며 90여세 고령의 지앙펑蔣风 선생님은 직접 연설문을 작성해 나의 작품에 대해 분석하고 조언해 주셔서 나는 큰 감동을 받았다. 이런 의견은 내가 작품을 더 잘 수정하는 데 크나큰 도움이 되었다. 류둥제劉東傑 산둥교육출판사 대표, 왕후이王慧 주임, 쑤원징

후기

蘇文靜 등 편집자들도 이 작품이 더욱 완벽해지도록 나에게 각종 편리를 제공하고 지지를 보내 주었다.

〈10월소년문학〉의 렁린웨이冷林蔚 부편집장과 우저우싱吳洲星 편집자는 친절하였으며 나의 작품이 잡지에서 독자들과 만날 수 있는 기회를 주었다. 자오샤趙霞 선생님은 바쁜 와중에도 이 책의 머리말을 써 주었으며 오랜 친구인 유명한 화가 왕주민王祖民 선생님과 천저신陳澤新 선생님은 각각 멋진 삽화를 그려 주고 디자인을 해 주었다.……이것은 나로 하여금 아동 문학이 얼마나 강렬하고 매력적인지 깨닫게 하였다. 그래서 나는 오래 전부터 아동 문학에 빠져 나오고 싶지 않았다. 이 아름다운 우애는 내가 전진하도록 힘을 주고 채찍질하고 있다. 이 기회를 빌어 사랑스럽고 존경스러운 나의 친구들에게 진심으로 감사를 드린다. 여러분의 두터운 사랑을 저버리지 않고 계속 열심히 글을 쓸 것이며 아동 문학과 아동 도서 출판을 위해 최선을 다해서 할 수 있는 일을 할 것이다.

2018년 10월 11일

삽화가에 대하여

왕주민王祖民은 지앙쑤江蘇 쑤저우蘇州 사람으로 화가이자 아동 도서 편집자이다. 그는 「어린이이야기화보」 편집장을 맡은 적 있고 각종 회화 방법을 탐구하기를 좋아하며 근년에는 주로 어린이 그림책 창작에 주력하고 있다.
그의 주요 작품으로는 『날 수 있는 알』 『양산백과 축영대』 『새로 온 아기 표범』 『저팔계가 수박을 먹다』 『대보름날』 『나는 호랑이, 누구도 무섭지 않아』 등이 있다.
그림책 『후치우산』은 유네스코 일본노마상을 수상하였고
『나는 호랑이, 누구도 무섭지 않아』는 2016년 볼로냐국제아동삽화전에 당선되었다.

삽화가에 대하여

왕잉王鶯은 난징南京사범대학교 미술대학을 졸업하였고
현재 지앙쑤경제무역직업기술대학교 예술디자인대학 조교수로 재직 중이다.
그녀가 그린 『아기 고양이가 친구를 찾다』의 삽화는 전국 '다섯 가지 제일 프로젝트'
(중국 사회 과학 분야의 우수한 이론 문장, 좋은 도서·연극·노래, 우수한 드라마 혹은 영화 등 다섯
가지를 이르는 말)상을 수상하였다.

삽화가의 말

왕주민 王祖民

류하이치 대표와는 일찍이 1980, 90년대부터 알고 지냈다. 그때 류 대표는 밍톈明天출판사에서 근무하였고 나는 지앙쑤江蘇아동출판사에서 근무하였다. 당시 동부 지역 6개 성(한국의 도에 해당)의 출판사는 종종 모여 행사를 하고 회의를 열고 함께 책을 냈기에 접촉이 잦았다. 그리고 우리 두 출판사는 사이가 특별히 좋았는데 대표에서 편집자에 이르기까지 다 사이가 좋아 같이 있으면 시끌벅적하였다. 그래서 만나면 늘 즐겁게 출판사에 관한 재미난 이야기를 나누었고 농담도 주고받았다. 물론 우리 두 출판사는 책도 적잖게 출판하였다.

산둥 사나이 류 대표는 아주 인상적이었다. 그는 키가 크고 호방하고 대범하고 잔꾀가 없는 전형적인 산둥 사람이었다. 그는 대표이지만 편집자들과 있을 때 폼을 잡지 않았고 미술 편집자들을 매우 존중하였다.

나는 어려서부터 산둥 사람을 탄복하였다. 그때 승전한 군대가 산둥 사투리를 쓰는 인민해방군과 비슷하였기 때문이다. 게다가 그 후 업무 관계로 류 대표와 접촉하게 되면서 산둥 동료들과 형제처럼 가깝게 지냈다.

『비둘기와 함께하는 여름』의 편집 담당자가 나와 왕잉王鶯에게 삽화를 그려 달라고 부탁하였을 때 우리는 아무런 조건 없이 승낙하였다. 이 책은 아주 흥미롭고 류 대표의 대작이기도 하다. 당시 그림책 작업이 있었지만 류 대표의 작품은 꼭 그려야 하기에 다른 일은 제쳐 두었다. 시간이 조금 부족하였지만 류 대표가 우리를 격려해 주었기에 최선을 다해 완성하였다.

이 작품은 어린 시절 아이들의 장난스러움을 묘사하고 그들의 낙관과 굳셈과 착함을 표현하고 어려움 속에서 즐거움을 찾으면서 꿋꿋이 살아가는 아이들을 그린 이야기이다. 이 작품은 비둘기 기르는 것을 줄거리로 하여 그 시대 그 연령대 사람들의 모습을 구현하였으며 시대감이 아주 강하면서도 평범한 민속 풍경이다.

우리는 소설 내용에 근거하여 연필 담채와 아크릴을 사용하여 삽화를 그리기로 하였다. 인물은 선으로 대체적인 윤곽을 그렸고 기본적으로 수채 물감을 바탕색으로 하였기에 인물의 선이 간단하고 색채를 이용해 인물 형상을 풍부하게 하였다. 배경과 큰 장면은 아크릴 물감을 사용하였는데 이런 중후한 느낌이 받쳐 주었기에 수채 물감은 담백한 느낌을 주었다. 이것은 아이들의 활동적이고 장난스러운 개성을 표현하였고 아크릴의 중후한 느낌은 그 시대 어렵고 고달픈 생활을 구현하였다. 화면은 가능한 한 소도시의 풍경을 구현하였고 류 대표가 묘사한 아이들이 어느 여름날 비둘기를 기르면서 정신적으로 성숙해 가는 것을 가급적으로 구현하였다.

류 대표는 내가 알고 있는 대표와 동료 중에서 너무 훌륭한 분이기에 그와 어울리고 싶으며 그와 무슨 말이든 하고 싶으며 그와 업무를 의논하고 싶으며 함께 일하고 싶다.

이런 친구, 대표, 동료의 작품인데 어찌 정성껏 열심히 그리지 않을 수 있겠는가?

이런 친구를 알게 돼서 정말 좋다.

류 선생님이 건강하고 즐겁고 항상 유머를 잃지 않기를 바란다.

2018년 11월 21일

옮긴이
박금해朴錦海

중국 흑룡강 출신
중국 연변대학교漢語言학과 학사
중국 연변대학교漢語言文字學학과 석사
중국 중앙민족대학교 중국소수민족언어문학학과 박사
현재 중국 광서사범대학교 한국어학과 조교수

비둘기와 함께하는 여름

초판 1쇄 발행 2024년 11월 20일

지은이 류하이치劉海棲
그린이 왕주민王祖民 · 왕잉王鶯
옮긴이 박금해樸錦海

글자수 105천자(千字)

펴낸이 홍종화
주간 조승연
편집·디자인 오경희 · 조정화 · 오성헌
　　　　　　신나래 · 박선주 · 정성희
관리 박정대

펴낸곳 민속원
창업 홍기원
출판등록 제1990-000045호
주소 서울시 마포구 토정로 25길 41(대흥동 337-25)
전화 02) 804-3320, 805-3320, 806-3320(代)
팩스 02) 802-3346
이메일 minsokwon@naver.com
홈페이지 www.minsokwon.com

ISBN 978-89-285-2051-0 03820

ⓒ 박금해, 2024
ⓒ 민속원, 2024, Printed in Seoul, Korea

이 책은 저작권법에 따라 보호를 받는 저작물이므로 무단전재와 복제를 금지하며,
이 책의 전부 또는 일부를 이용하려면 반드시 저작권자와 출판사의 서면동의를 받아야 합니다.